Um Filme por Dia 2017

Volume 2

FABIO CONSIGLIO

Copyright © 2018 Fabio Consiglio

Todos os direitos reservados.

ISBN: 9781976789281
ISBN-13: 9781976789281

DEDICATÓRIA

Dedico a todos os familiares que leram os textos antes da publicação, em especial ao meu tio Ednei, com seu excepcional apoio e sugestões de títulos a serem analisados.

CONTEÚDO

    Introdução i

1 Julho 3

2 Agosto 63

3 Setembro 125

4 Outubro 184

5 Novembro 246

6 Dezembro 305

INTRODUÇÃO

Esse livro começou quase que como uma brincadeira: assistir ao menos um filme por dia, durante o ano de 2017, anotando as impressões e dando uma nota. Há alguns textos curtos e outros mais longos, não necessariamente com tamanho proporcional à qualidade do filme mas ao que a obra provocou em mim – toda a crítica revela mais do seu autor do que da obra objeto.
Neste volume temos um autor convidado, a Mestra em Artes Visuais pela UNESP Rosângela Donizete Canassa, que escreveu sobre o clássico Vinhas da Ira.
As críticas foram publicadas diariamente no site faroartesepsicologia.blogspot.com e esse livro é uma compilação dos textos publicados no segundo semestre de 2017.

Fabio Consiglio

01/07/2017

O Castelo Vogelöd (1921)

Schloß Vogelöd

O Castelo Vogelöd é um exemplar do cinema expressionista alemão não tão impactante como, por exemplo, O Gabinete do Dr. Caligari de 1920, mas ainda assim interessante de se ver, com uma estória e personagens envolventes, apesar de seus quase 100 anos de idade.

O Conde Oetsch (Lothar Mehnert) foi acusado de assassinar o próprio irmão e foi absolvido, mas a sociedade não acredita na sua inocência. Ele vai sem ser convidado a um encontro de aristocratas no Castelo Vogelöd, onde também será recebida a viúva de seu irmão, para provar a sua inocência. O filme é um dos primeiros do diretor F.W. Murnau (de Nosferatu, Fausto e outras obras-primas) que mesmo sem o brilho de suas produções subsequentes já demonstra o seu grande talento. Há elementos modernos para a época, como flashbacks e sequências de sonhos, assim como uma cena desenhada apenas para ser alívio cômico, sem nenhuma influência no desenvolvimento da estória. Além disso o roteiro é engenhoso e o final é surpreendente - nos dias atuais, depois de tantos outros filmes com reviravoltas parecidas, talvez muitos consigam antecipá-lo.

É sempre notável como filmes mudos e com elementos já copiados à exaustão ainda conseguem prender a audiência e proporcionar prazer ao assisti-los. A prova do tempo é sempre a mais dura e cruel e fica a questão: quais filmes que elogiamos hoje em dia ainda serão apreciados daqui a 100 anos?

Nota: 3/5

02/07/2017

Trágica Obsessão (1976)

Obsession

Trágica Obsessão é inspirado pelo clássico de Hitchcock Um Corpo Que Cai, ambos contando a estória de um homem obcecado por uma mulher muito parecida com a antiga parceira que já se foi.

Apesar das similaridades, Trágica Obsessão não é uma simples cópia e tem brilho próprio.

Michael Courtland (Cliff Robertson) perde sua mulher e filha; anos depois encontra uma mulher, Sandra Portinari (Geneviève Bujold), idêntica a sua falecida esposa e se torna obcecado por ela. O diretor Brian de Palma faz jus à fama de discípulo de Alfred Hitchcock com uma direção enxuta e econômica - não há cenas nem acontecimentos supérfluos, tudo tem razão de ser e leva a estória para a frente. Já a atuação de Cliff Robertson como protagonista deixa a desejar e o ator parece ter confundido sentimentos como tristeza e deslumbramento com apatia - o seu Michael Courtland está sempre com a mesma expressão neutra, olhando para o nada. O filme acerta na difícil decisão do que mostrar à audiência. sem estragar a surpresa do mistério a ser revelado no final, ao mesmo tempo que não cria soluções artificiais, que não tenham sido plantadas anteriormente.

Trágica Obsessão é uma grande diversão pecando apenas no seu final, depois do mistério ter sido desvendado, com tudo acontecendo rápido demais e de maneira inverossímil. Como bom discípulo de Hitch, De Palma sabia que o mestre ensinava que após o herói matar o bandido e beijar a mocinha não havia mais o que contar e o filme deveria acabar. Nesse caso, houve correria excessiva entre a morte do bandido e o beijo na mocinha, mas nada que comprometa o prazer de assistir a Trágica Obsessão.

Nota: 3/5

03/07/2017

Últimos Dias no Deserto (2015)

Last Days in the Desert

Na mitologia cristã descrita na Bíblia, Jesus passou 40 dias no deserto sem comer ou beber e durante esse período foi tentado pelo diabo três vezes. Últimos Dias no Deserto mostra uma versão do que teria acontecido de forma mais verossímil e com belíssimas locações.

Em primeiro lugar o que mais chama a atenção em Últimos Dias no Deserto é o seu cenário - todo o filme foi captado no Parque Estadual Deserto Anza-

Borrego, na Califórnia. Com o desenrolar da estória vemos que a fantasia bíblica foi deixada de lado e o filme é mais realista do que a versão encontrada nas escrituras, sem no entanto diminuir a figura de Jesus. Aqui ele jejua mas ingere água - seria impossível para um ser humano ficar 40 dias sem beber - e até come alimentos quando passa a fazer esforços físicos, ajudando a família do homem simplesmente chamado de pai (Ciarán Hinds) que mora no deserto. A decisão de representar o diabo pelo mesmo ator que interpreta Jesus (Ewan McGregor) não é original mas faz todo sentido com a lógica da produção, pois podemos entender que todas as tentações e questionamentos feitos pelo demônio na verdade são criadas pelo próprio Jesus.

Após um primeiro ato interessante, Últimos Dias no Deserto desaponta no seu desenvolvimento, mostrando Jesus como um mero espectador - independente da crença de cada um, no filme Jesus é o protagonista e o herói, de quem se espera um papel mais ativo. Todos os acontecimentos a partir de um certo ponto parecem ocorrer ao acaso, pouco importando a presença ou não de Yeshua.

Independente das suas deficiências, Últimos Dias no Deserto acaba com um saldo positivo: bonito visualmente e humanizando a figura de Cristo até mesmo no visual (a aparência de Ewan McGregor conseguiu combinar a representação europeia de Jesus com um visual mais realista), mostrando que para ser uma boa pessoa, um "santo", não é necessária a intervenção divina.

Nota: 3/5

04/07/2017

Sabor da Paixão (2000)

Woman on Top

Sabor da Paixão parece tentar resgatar o espírito das comédias e sitcoms românticas da década de 50, além de retratar o Brasil da mesma forma como fizeram os filmes encomendados pela política de boa vizinhança norte-americana da década de 40, tudo isso em pleno ano 2000. Não funcionou.

A chef de cozinha Isabella (Penélope Cruz) vive na Bahia com o marido Toninho (Murilo Benício), ambos trabalhando no restaurante da família, até que flagra o companheiro com outra mulher e decide abandonar tudo, mudando-se para San Francisco, nos Estados Unidos. Depois desse ponto de partida digno do mais surrado argumento de novela, as coisas em Sabor da Paixão pioram ainda mais. Na tentativa de fazer graça somos brindados com cenas constrangedoras em sequência, como quando por conta do cheiro do café que estava fazendo Isabella é seguida por diversos homens na rua, a briga de Toninho no bar após ver Isabella na TV e tantas outras. Nada funciona: Penélope Cruz tem duas expressões, deprimida e confiante, sem meios termos; a preguiça dos roteiristas é tanta que diálogos excessivamente expositivos acontecem a todo momento; todos no Brasil falam inglês, com algumas palavras em português colocadas aleatoriamente nos diálogos - da mesma forma que em algumas novelas (de novo!) estrangeiros são representados falando perfeitamente o português, apenas encaixando algumas expressões da língua nativa.

Para coroar o desastre, a mensagem que fica é que a mulher depende do homem para ser feliz, já que Isabella se esforça para voltar a amar Toninho e tudo em sua vida volta a ser como era antes. A única coisa que se salva em Sabor da Paixão é a bela trilha sonora, com várias canções da MPB e Bossa Nova.

Felizmente para ouvir essas músicas não é necessário passar pela agonia que é assistir Sabor da Paixão.

Nota: 1/5

05/07/2017

O Reino dos Gatos (2002)

Neko no ongaeshi

Japoneses e gatos guardam uma estreita relação, envolvendo lendas e superstições - todos já devem ter visto o gato da sorte (Maneki Neko) acenando em lojas japonesas. A animação O Reino dos Gatos celebra essa relação.

O Reino dos Gatos é uma animação clássica japonesa, desenhada a mão (colorida por computador) com traço claro e bonito. Conta a estória de Haru (Chizuru Ikewaki) que, após salvar um gato de um atropelamento, passa a ser perseguida pelos felinos que a querem com princesa do seu reino. Ao mesmo tempo que cria imagens belas e surreais, como a procissão dos gatos e o bando de aves salvando Haru de uma queda, também mistura elementos de forma estranha e aparentemente aleatória: o Rei Gato tem agentes de preto como se fossem do FBI e seguranças parecidos com samurais, o gato Barão é mais humanizado do que os demais, com mãos humanas e sapatos, e nada na obra indica o motivo disso. Outra coisa que incomoda é a mensagem - encontrar a si mesmo e amadurecer - mais do que desgastada e extremamente ingênua.

Esperava mais de O Reino dos Gatos pelo fato de ser produzido pelo Studio Ghibli, o mesmo de pérolas como A Viagem de Chihiro e O Castelo Animado. A diferença de qualidade apenas evidenciou ainda mais o talento do diretor Hayao Miyazaki (de A Viagem e O Castelo) - enquanto esses dois são inesquecíveis, O Reino dos Gatos é apenas uma distração.

Nota: 3/5

06/07/2017

Homem-Aranha: De Volta ao Lar (2017)

Spider-Man: Homecoming

Os filmes de herói da Marvel são atualmente o melhor exemplo de como fazer bom cinema de entretenimento. As aventuras da produtora assumem sem vergonha o seu caráter escapista, de cinema pipoca, entregando um produto extremamente bem acabado e divertido.

O novo reboot do homem-aranha, Homem-Aranha: De Volta ao Lar, diferente de outros tem razão de existir pois trás, como o nome já diz, o herói aracnídeo de volta ao que sempre deveria ter sido a sua casa, o universo cinematográfico Marvel. E o acerto na escalação do elenco e do tom é evidente: esqueçam o Peter Park (aqui interpretado por Tom Holland) melancólico, choroso e chato das suas mais recentes encarnações no cinema para receber um que realmente parece um garoto feliz e extasiado com seus poderes. Tom Holland convence como um garoto de 14 ou 15 anos, diferente dos outros que agiam como emos adolescentes mas tinham a aparência de homens na casa dos 30 anos de idade (o que tornava o comportamento deles ainda mais constrangedor). Inicialmente me incomodou como o filme depende das outras obras Marvel para um entendimento mais completo - em nenhum momento é explicado algo sobre Os Vingadores ou sobre o Homem de Ferro. Mas logo me convenci que a esta altura do desenvolvimento desse universo é razoável presumir que essas explicações não são mais necessárias ao público para o qual Homem-Aranha: De Volta ao Lar é destinado. Para completar, temos o vilão Vulture/Abutre (Michael Keaton) que consegue o equilíbrio correto entre ser mau e apenas uma vítima das circunstâncias - é interessante notar que Michael Keaton, premonitoriamente, interpretou um ator que era um herói alado de filmes de ação em Birdman de 2014.

Não podemos nos esquecer que é um filme sobre pessoas fantasiadas correndo pela cidade então há algumas inconsistências, como a resistência do homem-aranha que é determinada pelo roteiro: ao bater a cabeça dentro de um caminhão ele fica desacordado durante horas enquanto que ao cair de um avião em chamas as consequências são apenas alguns arranhões. Toda a sequência de ação da batalha final é confusa e poluída visualmente, impedindo o entendimento do que está ocorrendo em alguns momentos, talvez causado pela inexperiência do diretor Jon Watts em filmes desse porte.

O que a Marvel faz com seu universo cinemático é inédito na história do cinema: dezenas de filmes com protagonistas diferentes interligados em uma mesma diegese mantendo-se coerente. É uma forma de manter a audiência cativa e refém, mas há de se admirar o esforço e engenharia por trás disso. Quando os filmes são bem realizados e assumem a sua natureza, sendo divertidos e sem querer passar mensagens infantilizadas (grandes poderes, grandes responsabilidades, blá-blá-blá) o sucesso e a satisfação de assisti-los estão garantidos.

Nota: 4/5

07/07/2017

A História Da Eternidade (2014)

A História Da Eternidade

A História Da Eternidade se passa em um pequeno povoado cercado pelo deserto em uma época indeterminada, mostrando dramas e conflitos humanos universais.

Tudo parece ter sido planejado com muito cuidado em A História Da Eternidade, desde os seus planos e raccords que foram pensados e executados de forma a causar impacto emocional ou estético até a sua direção de arte, usada para revelar características da personalidade dos personagens sem perder tempo com diálogos expositivos. A belíssima fotografia realça tudo isso, como na cena em que Querência (Marcélia Cartaxo), após enterrar o filho natimorto, chora sozinha contra uma parede cinza e irregular ou nos vários planos mostrando a natureza que cerca o lugar, sempre inabalável frente às desgraças humanas. Dentro desse microcosmo da pequena vila vemos a representação das tragédias que afligem as pessoas em qualquer lugar: a morte, o crime, o amor não correspondido, o conflito de gerações, o desejo proibido, o arrependimento pelo feito e pelo não feito, os sonhos e decepções, tudo culminando no drama ancestral do irmão matando o irmão. Todas as interpretações são excepcionalmente convincentes, com destaque para Cláudio Jaborandy (Nataniel), que apenas com gestos e olhares transmite a dureza do seu personagem mostrando que ele não é bom nem mau, é o ser humano possível naquele ambiente e naquelas condições.

A História Da Eternidade é um daqueles filmes singulares, onde a poesia das imagens e a música embalam a estória de forma a suavizá-la com a beleza ao mesmo tempo que intensificam todas as emoções. Embora toda pessoa se considere única e especial, seus conflitos e tragédias já foram e ainda serão experimentados de forma muito parecida - ou idêntica - por um sem número de outras pessoas, passado e futuro. Todo o drama vivido no povoado é visto pela natureza ao redor de forma tediosa, como uma peça de teatro repetida incontáveis vezes e que continuará se repetindo até o fim dos tempos. Quando o fim chegar e a humanidade sair de cena a natureza continuará lá, impassível e sem aplausos.

Nota: 5/5

08/07/2017

População 436 (2006)

Population 436

O recenseador Steve Kady (Jeremy Sisto) vai até a pequena cidade de Rockwell Falls verificar seus registros civis para tentar descobrir o por que da população local manter-se precisamente estável - 436 habitantes - já há várias décadas. O que parece uma premissa original desenvolve-se em um filme fraco e com um final que rebaixa ainda mais o seu patamar.

O argumento do estranho chegando em uma sociedade fechada não é novo e já foi levado às telas em bons filmes, como por exemplo O Homem de Palha, de 1973, com Christopher Lee. População 436 renova a ideia de uma forma instigante, adicionando o mistério da população estável: por que 436 pessoas, como isso se mantém por tantos anos? Após a curiosidade inicial a obra cai no lugar comum, com pessoas aparecendo sorrateiramente por trás de outras apenas para entregar um susto fácil e a aparência assustadora dos habitantes, gritando com seus olhares intimidadores que o herói Steve Kady corre perigo e nunca devia ter aparecido por lá. Apesar de ordinário, o desenvolvimento da estória mantém o interesse até chegarmos perto do final, onde as coisas acontecem de forma rápida e atropelada (temos a sensação de que dias se passaram mas foi apenas uma noite) e a conclusão põe tudo a perder, sugerindo uma força sobrenatural que até o momento parecia estar apenas dentro da cabeça dos nativos fanáticos.

Os roteiristas de População 436 caíram na armadilha que eles próprios prepararam, não sabendo desatar o nó criado com eventos fantásticos feitos para chamar a atenção da audiência, obrigando-os a apelar para um poder sobrenatural. O que poderia ser um bom passatempo transformou-se em uma obra a ser evitada.

Nota: 2/5

09/07/2017

Procurando Dory (2016)

Finding Dory

As animações da Pixar, embora voltadas também ao público infantil, costumavam não se deter apenas a divertir com bichinhos fofinhos e cores, tendo consistência cinematográfica, emocionando e fazendo pensar. Cada vez mais a Pixar se distancia desse nível de qualidade e para cada filme excelente como Divertida Mente temos vários medíocres como Carros 2, O Bom Dinossauro e Procurando Dory.

Praticamente uma refilmagem de Procurando Nemo, Procurando Dory mostra a fêmea de cirurgião-patela chamada Dory procurando por seus pais. Quase todos os percalços da sua jornada se baseiam no fato de Dory sofrer de perda de memória recente - ela lembra apenas do que aconteceu nos últimos segundos. Como seria impossível contar uma estória assim, ela lembra e esquece de coisas conforme a conveniência do roteiro e depois de pouco tempo esse expediente se torna cansativo e previsível. Muitas ideias de Procurando Nemo são reutilizadas, o que poderia ser positivo se fosse feito de forma criativa, mas tudo é preguiçoso e enfadonho. Pode-se dizer que tecnicamente Procurando Dory se destaca mas até isso é discutível, já que a arte parece ser toda reciclada de Procurando Nemo e a excelência técnica é o que se espera em produções desse porte.

Triste ver que a Pixar caiu na vala comum, deixando cada vez mais de arriscar em argumentos novos e investindo em continuações. Procurando Dory não emociona e muito menos empolga, é um filme descartável que só serve para distrair crianças menos exigentes por uma hora e meia e vender peixes de pelúcias.

Nota: 2/5

10/07/2017

No Mundo de 2020 (1973)

Soylent Green

É melhor não saber como são feitas as salsichas ou as balas de goma, sob o risco dos mais sensíveis não conseguirem mais comer esses alimentos. Do que é feito o soylent green? Esse é o mistério que move No Mundo de 2020, boa ficção científica da década de 70.

No ano 2022 (futuro distante levando-se em conta o ano de produção, 1973) o mundo foi destruído pelo aquecimento global e pela superpopulação e tudo o que consideramos confortos comuns nos países desenvolvidos - água quente, alimentos diversificados - é um luxo nessa realidade. O detetive Thorn (Charlton Heston), ao investigar um assassinato, se depara com uma trama complexa envolvendo a produção do principal alimento industrializado destinado a maioria (miserável) da população, o soylent green. Vários temas são discutidos pela obra que consegue ser assustadora pela forma que apresenta o futuro, sempre mostrando pessoas maltrapilhas amontoadas nas ruas sob uma névoa esverdeada, conseguindo transmitir o calor sufocante daquele ambiente. A sociedade regrediu ao encarar as duras adversidades, aumentando de forma escandalosa o abismo entre ricos e pobres, impondo um estado absolutista frente à escassez de recursos e até elevando o machismo e a misoginia a níveis impensáveis, com as mulheres sendo parte da mobília literalmente falando, sendo propriedade do morador nas residências de alto padrão.Mas há uma sequência em especial que merece todo o destaque e eleva No Mundo de 2020 a um outro nível, sendo copiada e homenageada em seriados como Os Simpsons: nesse futuro distópico há locais especializados em suicídio assistido, onde o paciente escolhe as cores, trilha sonora e imagens que serão vistas em um telão de 180 graus, envolvendo todo a visão do cliente deitado aguardando a morte. Essa cena, envolvendo um importante personagem, é emocionante e impactante - só ela já vale o ingresso.

No Mundo de 2020 é bem feito e de certa forma perturbador, como deve ser toda boa ficção científica. Nitidamente influenciou muitos filmes que falam do futuro sob uma ótica pessimista e fica a pergunta: o que vamos comer agora? Salsicha com gomas de sobremesa? Se você pesquisou e viu vídeos da fabricação, tenho certeza de que não vai comer. Pelo menos não hoje.

Nota: 4/5

11/07/2017

O Homem que Luta Só (1959)

Ride Lonesome

O Homem que Luta Só é um faroeste objetivo (dura apenas 73 minutos) com uma estória inicialmente simples, mas que aos poucos revela a sua verdadeira natureza.

Logo nos primeiros 5 minutos o caçador de recompensas Ben Brigade (Randolph Scott) captura o criminoso Billy John (James Best) e o leva sob custódia às autoridades de Santa Cruz, onde o bandido será enforcado e Brigade receberá sua recompensa. Parecia ser um filme sobre a jornada da dupla até Santa Cruz, mas novos elementos rapidamente são introduzidos e nem tudo é o que parece. Todos os personagens são multidimensionais e mesmo os criminosos têm seus motivos e fica difícil tomar partido de um lado - todos têm razão sob seu próprio ponto de vista. O tratamento dado a única mulher da obra - Carrie Lane (Karen Steele) - choca pelo machismo extremo (os índios propuseram trocá-la por um cavalo) mas corresponde àquele período histórico e social.

O Homem que Luta Só parece um filme banal à primeira vista, mas o seu roteiro é engenhoso e seu ritmo é impecável, o que proporciona muito prazer à audiência. O prazer deve ter sido ainda maior para quem o viu na tela grande - foi filmado em cinemascope e usa e abusa dos grandes planos abertos, sendo um dos últimos bons faroestes da era de ouro de Hollywood.

Nota: 3/5

12/07/2017

O Segredo da Cabana (2012)

The Cabin in the Woods

Personagens caricatos, comportamentos improváveis, clichês de todos os tipos: essa é a tônica da maioria dos filmes de horror. O Segredo da Cabana abraça esses lugares-comuns mas tentando explicá-los sob uma perspectiva lógica dentro do seu universo fantasioso.

Cinco amigos vão para uma cabana isolada na floresta para se divertir, ou seja, transar e fumar maconha. Essa premissa é quase que obrigatória em filmes de terror do tipo slasher - assassinos psicopatas matando aleatoriamente - e os assassinatos são vistos quase que como uma punição aos jovens "pecadores". O diferencial de O Segredo da Cabana é que por trás desses elementos conhecidos há uma organização manipulando tudo, desde os papéis assumidos pelos jovens - o machão, a recatada, o bobo - até as atitudes inverossímeis, como entrar em um porão desconhecido e invocar espíritos. Não irei revelar aqui os objetivos dos que estão por trás dos acontecimentos na cabana para não estragar a surpresa de quem ainda não assistiu ao filme, mas tudo se encaixa bem dentro do mundo que o filme representa, ainda que exista o elemento sobrenatural, com o bônus de permitir que qualquer gênero de horror possa ser encaixado dentro da mecânica da obra.

O Segredo da Cabana repete fórmulas batidas de uma forma inovadora, fazendo com que a audiência assista algo familiar e novo ao mesmo tempo. No cinema as ideias são e sempre serão repetidas e copiadas e o que realmente importa é a forma como isso é feito. Para completar, os realizadores foram corajosos o suficiente para entregar um final que não suporta em tese continuações, mesmo tendo criado uma estrutura que permitiria diversos outros filmes. Como foi bem de bilheteria, acho difícil que não sejam pressionados a fazer mais um, mesmo que seja não uma sequência mais uma prequela. Se for bem realizado como o original será um prazer conferir.

Nota: 3/5

13/07/2017

Maridos em Férias (1967)

A Guide for the Married Man

Difícil acreditar que Maridos em Férias (também conhecido no Brasil como Diário de um Homem Casado) é um filme de 1967: o seu humor e dinâmica social remetem à década de 50, com claros reflexos de sitcoms como I Love Lucy - Lucille Ball faz até uma ponta. Maridos em Férias tem como base a estória de Paul Manning (Walter Matthau), que deseja trair sua mulher e passa a discutir isso com seu amigo Ed (Robert Morse), obviamente de forma a não ser descoberto. Esse arco básico é só um pretexto para que diversas anedotas curtas sobre adultério desfilem na tela, sempre a partir de um exemplo dado por Ed de como fazer ou não fazer determinada ação ao trair a esposa. Como já citado, todos os personagens parecem viver na década de 50, com as esposas sendo perfeitas rainhas do lar e belas fêmeas sempre disponíveis aos maridos, na mais perfeita definição de pin-up. O nível de machismo apresentado já era antigo em 1967 então é fácil de se imaginar o quanto o filme é indigesto para as plateias atuais.

Alguns sorrisos eventuais é o máximo que Maridos em Férias consegue extrair, mesmo com o talento de Walter Matthau. A sua dinâmica extremamente fragmentada não ajuda, mas o que arruína a experiência é a falta de atemporalidade na forma como o tema é tratado. Para completar o quadro de mulheres submissas, maridos mentirosos e casais em camas separadas como em Os Flintstones, temos o final moralista e óbvio em um filme que parece já ter nascido velho.

Nota: 2/5

14/07/2017

Infâmia (1961)

The Children's Hour

Infâmia é perturbador ao mostrar como uma acusação sem provas, se grave o suficiente para chocar a sociedade, pode destruir completamente a vidas dos envolvidos.

As amigas Karen (Audrey Hepburn) e Martha (Shirley MacLaine) mantêm uma escola para meninas e são acusadas por uma das garotas de manter um relacionamento homossexual. A partir daí a vida delas desmorona, mostrando ao mesmo tempo como uma mentira leviana pode ser destrutiva e o preconceito da sociedade, que enxerga as hipotéticas mulheres homossexuais como uma aberração. O destaque, além da estória de um realismo perturbador, fica com a atriz mirim Karen Balkin, que interpreta Mary Tilford, a criança que conta a mentira sobre as professoras e move o filme em uma performance com sutilezas espantosas para uma atriz infantil - a maior prova disso é a raiva que sentimos de Mary mesmo ela sendo apenas uma menina.

A forma como a velha geração é representada na obra é devastadora e as suas duas representantes, as tias de Mary e Martha, são intolerantes e traiçoeiras, em uma demonstração de que os novos tempos - o início da década de 60 - não mais suportam as velhas mentalidades.

Pode-se dizer que Infâmia é excessivamente dramático em alguns momentos, mas é perfeitamente justificável pela temática pesada e pelo gênero, o melodrama. Além disso, mostra que o cinema pode ser educativo e até mesmo premonitório: se alguns jornalistas e policiais tivessem assistido a Infâmia, talvez o nefasto caso envolvendo a Escola Base em 1994 pudesse ter sido evitado.

Nota: 5/5

15/07/2017

A Ilha - Uma Prisão sem Grades (2008)

Boot Camp

A Ilha - Uma Prisão sem Grades mostra jovens que por motivos comportamentais - uso de drogas, comportamento violento, promiscuidade - são enviados pelos próprios pais a um programa de reabilitação radical em uma ilha isolada, uma mistura de disciplina militar com uma versão brutalizada de terapia em grupo, onde quem não quer falar publicamente assumindo seus supostos erros é espancado pelos outros participantes.

O filme inicia com um texto explicando que tudo aquilo baseia-se na realidade e que há diversos desses campos de reabilitação espalhados pelos Estados Unidos. Esse início já antecipa o que vem a seguir, a manipulação descarada da audiência, desrespeitando qualquer lógica e demonstrando um alto grau de moralismo, ainda que dissimulado. Por exemplo a protagonista Sophie (Mila Kunis) usa drogas, aparentemente não trabalha nem estuda e é um estorvo para os pais, mas ela recusa-se a transar com o namorado, afinal a heroína deve ser pura. Já Trina (Regine Nehy) é apenas uma vítima do fanatismo religioso dos pais, mas como transou com vários rapazes o filme a pune, sendo ela uma das personagens que mais sofre no campo de reabilitação. A obra parece criticar os tais campos mas acaba deixando as coisas ambíguas ao mostrar comportamentos realmente reprováveis dos jovens ao longo da estória. Essa dubiedade poderia até ser positiva, mas da maneira como tudo é mostrado parece aprovar de certa forma os métodos violentos e fanáticos do campo.

Com trechos mais pesados e outros até parecendo um videoclipe, A Ilha acaba sendo irregular e com roteiro preguiçoso, caindo na tentação de vícios antigos do cinema, ao ponto de uma personagem poupar um vilão em certo ponto com a batida frase "Se fizermos isso seremos iguais a ele". Talvez o filme funcione para alguns, que com menos bagagem de filmes vistos acabem embarcando na ilusão artificial criada pela obra, podendo estes até mesmo vibrar com o seu óbvio final de punição dos maus. Eu também vibrei quando o filme acabou, mas não por ter gostado da sua conclusão.

Nota: 2/5

16/07/2017

A Noite dos Mortos-Vivos (1968)

Night of the Living Dead

A mitologia zumbi no cinema da forma que conhecemos hoje é toda baseada em A Noite dos Mortos-Vivos, filme dirigido por George Romero com recursos modestos e cheio de boas ideias.

Todos os elementos que hoje soam até banais - zumbis lentos que podem ser mortos com tiro na cabeça e infectam através da mordida - já estavam nessa obra de 1968 e mesmo que seja discutível se foram criados ou copiados, o fato é que foram formatados e compilados em A Noite dos Mortos-Vivos. Olhando com cuidado, a maioria senão todos os filmes de zumbis contemporâneos são de certa forma refilmagens de A Noite dos Mortos-Vivos. Até mesmo a ideia central do seriado de sucesso The Walking Dead, os conflitos entre os humanos e o comportamento desses em uma situação extrema, já havia sido explorada por Romero na sua obra mostrando que os humanos, em grande parte por conta de sua imprevisibilidade, são mais perigosos do que os zumbis.

Com poucos sustos e violência até que discreta para um filme desse gênero, A Noite dos Mortos-Vivos destaca-se por seu clima, ambientação e roteiro, que nunca cai na tentação de atitudes inverossímeis ou soluções improváveis. É uma obra seca e realista dentro da hipótese dos zumbis serem reais e isso que a torna tão assustadora.

Nota: 4/5

17/07/2017

O Bom Gigante Amigo (2016)

The BFG

Um gigante passeia pela cidade, pega um humano de estimação e o leva para casa. Ao chegar lá, os seus irmãos gigantes querem comer o humano de estimação - isso faz parte da cultura deles. O gigante bom então faz uma aliança com os humanos e bane os seus irmãos para sempre em uma ilha deserta, ficando sozinho na terra dos gigantes e fim. Essa é toda a estória de O Bom Gigante Amigo, adaptação do livro infantil The BFG de Roald Dahl que deveria ter ficado apenas na literatura.

O Bom Gigante Amigo é um filme insosso, sem graça e enfadonho. O que se salva são algumas cenas bonitas, principalmente a sequência do gigante correndo em direção à sua terra, e mais nada. O diretor Steven Spielberg parece estar no piloto automático, em uma obra que não define o seu público e acaba desagradando adultos e crianças.

Assistir O Bom Gigante Amigo não leva a lugar algum: não agrada cinematograficamente, não é engraçado, não é emocionante, não ensina nada, a não ser que o tal bom gigante traiu e condenou os seus irmãos por motivos banais. Da mesma forma que O Bom Gigante Amigo trai o legado de bons filmes deixado por Steven Spielberg.

Nota: 2/5

18/07/2017

Fome de Poder (2016)

The Founder

Dois hambúrgueres, alface, queijo, molho especial... independente do gosto gastronômico de cada um, não há como negar a onipresença do McDonald's, na cultura pop e até na teoria econômica com o índice Big Mac. Fome de Poder mostra o nascimento da rede de lanchonetes em um filme agradável, ainda que pouco crítico e muitas vezes com cara de propaganda.

O vendedor Ray Kroc (Michael Keaton) comercializa misturadores de milk-shake e ao fazer uma entrega em uma nova lanchonete chamada McDonald's fica fascinado com algo nunca visto: não há garçonetes, tudo é descartável, o menu é reduzido e os lanches ficam prontos em 30 segundos, sendo feitos em uma linha de montagem inspirada na indústria automobilística. Ray fica obcecado por aquilo e convence os proprietários, os irmãos Dick (Nick Offerman) e Mac McDonald (John Carroll Lynch), a criarem uma sociedade e transformar a marca em uma franquia.

A atmosfera da obra é sempre agradável, mesmo nos momentos de conflito, o que reforça a incômoda sensação de publicidade em forma de filme. A recriação de época, anos 50, é impecável e sem ostentação, de forma que todo o ambiente seja natural e esqueçamos de que aquilo é apenas desenho de arte em um filme, com destaque obviamente para as recriações das lanchonetes McDonald's da época, com seus copos, logotipos, cozinhas e uniformes. Não podemos esquecer de Michael Keaton que aqui é o protagonista padrão, dominando o seu personagem e sustentando o filme - ele está em 90% das cenas, em algumas delas sozinho na tela.

Ao olharmos por baixo do brilho dos arcos dourados, percebemos que o nascimento do McDonald's não foi tão belo e puro e mesmo que os irmãos criadores tenham recebido uma boa compensação financeira, é legítimo afirmar que Ray Kroc roubou o McDonald's deles. O sonho americano pode até acontecer em alguns casos, mas além do sonho temos a realidade americana que é o capitalismo selvagem, que sempre vai falar mais alto do que idealismos ingênuos. Dick e Mac McDonald seguiram os seus ideais até o fim e pagaram o preço por isso, perdendo até o próprio nome.

Nota: 3/5

19/07/2017

Um Passado Sombrio (2014)

Every Secret Thing

Um Passado Sombrio (também conhecido no Brasil como Todos os Segredos) discute o quanto as crianças são realmente inocentes e o papel dos pais nos atos dos filhos. A estrutura e a estética do filme não acompanham a riqueza da temática e a despeito do seu assunto instigante passa uma sensação de telefilme ou série televisiva.

Uma criança desaparece e as suspeitas são Ronnie Fuller (Dakota Fanning) e Alice Manning (Danielle Macdonald), que acabaram de sair da prisão depois de sete anos por conta do sequestro e assassinato de um bebê, que elas cometeram quando tinham apenas onze anos de idade. O filme vai revelando a estória aos poucos, com flashbacks. Esse recurso prende a atenção da audiência, mas nem sempre as cenas representando o passado são misturadas organicamente à narrativa presente, aumentado a sensação de ser apenas um truque para manter o ritmo da produção. Outro problema é que a montagem acaba repetindo algumas cenas, da mesma forma que as novelas fazem, demonstrando uma clara falta de confiança na inteligência de quem assiste a obra.

Independente dos problemas, a estória toca em pontos interessantes e é até perturbadora em alguns momentos. Vemos as crianças como pessoas inocentes, que não tem discernimento para o certo e o errado e Um Passado Sombrio coloca essa visão em dúvida, mostrando com uma estória plausível - já houve casos parecidos na vida real - que os pequenos podem sim mentir e manipular. Ao mesmo tempo, de uma forma acertada atribui aos pais uma grande parcela de culpa, seja por omissão ou mesmo incentivando de forma explícita os filhos a seguir o caminho errado.

Um Passado Sombrio é um bom filme pelo peso dos fatos que narra e não pela sua forma. Tem coragem de mexer com alguns tabus e é eficiente em ser aflitivo - impossível não ficar incomodado e apreensivo vendo bebês chorando e correndo riscos. Será lembrado pela sua estória e não pelos seus planos e cortes.

Nota: 3/5

20/07/2017

Primer (2004)

Primer

Ao se buscar "Primer 2004" no google obtém-se em igual quantidade imagens do filme e gráficos tentando explicar os seus eventos. Isso mostra o quanto a obra é confusa e evidencia o seu fracasso em tentar contar uma estória complexa.

Primer conta uma estória batida, a invenção de uma máquina do tempo, em um formato um pouco diferente do habitual - não há cientistas malucos ou grandes empresas por trás da empreitada, mas nerds trabalhando em garagens tentando criar patentes para ganhar dinheiro e acabam inventando acidentalmente a máquina. Como todo filme que envolve viagens no tempo a estória é interessante pela sua própria natureza, mas quando os amigos Aaron (Shane Carruth) e Abe (David Sullivan) começam a utilizar a máquina é extremamente difícil acompanhar o que está acontecendo, pela total inabilidade dos realizadores do filme de contar uma estória que não necessite de um diagrama para que ela seja entendida.

Elementos surgem do nada, como a informação repentina de que outra pessoa utilizou a máquina sem permissão e no final das contas pouca coisa faz sentido - ao final conclui-se que as viagens no tempo criaram duplos dos viajantes mas por que um só par? Pelo número de viagens - feitas apenas para ganhar dinheiro na bolsa de valores - deveria haver vários duplos simultaneamente.

Toda a minha interpretação pode até ser errada por problemas de entendimento, afinal assisti ao filme sem consultar o seu manual de instruções. Primer acabou tornando-se cult não por conta da sua qualidade, quase amadora em vários momentos, mas por sua complexidade e necessidade de explicações e interpretações. Se esse era o objetivo, Primer o alcançou com sucesso; se a meta, porém, era fazer um bom filme, isso ele não conseguiu em nenhuma de suas linhas temporais.

Nota: 2/5

21/07/2017

Donnie Darko (2001)

Donnie Darko

Tudo em Donnie Darko se encaixa: a época, o roteiro, as músicas, o clima de mistério, tudo contribuindo para criar uma atmosfera única em um filme que se tornou cult e é aberto a múltiplas interpretações, ainda que a sua estória se desenrole de forma clara.

Donnie Darko (Jake Gyllenhaal) é um adolescente com problemas psicológicos/psiquiátricos que começa a ter visões com um homem fantasiado de coelho - não um coelho normal, mas um monstruoso como uma fantasia de halloween. Esse coelho explica que o mundo acabará dentro de alguns dias (aproximadamente um mês) e dentro desse período Donnie começa a experimentar outras alucinações e interessar-se por coisas como viagens no tempo.

Há no filme uma forte crítica ao sistema educacional, que se mostra anacrônico e não ensina os jovens a pensarem e sim repetirem padrões pré-estabelecidos, protegendo-os excessivamente por um lado do que é considerado imoral como o sexo e largando-os à própria sorte com os preconceituosos e os bullies. Os chamados "normais" não enfrentam o sistema mesmo discordando dele e é preciso alguém com uma certa loucura libertária como Donnie para expor todos os seus problemas.

Os signos por trás dos atos de Donnie Darko podem ser vistos de diversas maneiras: o machado na cabeça do mascote da escola, mascotes esses normalmente usados em competições quase como símbolos de guerra, o que pode significar uma negação da educação competitiva e belicosa tão festejada nos Estados Unidos; a inundação da escola, como se tudo aquilo precisasse ser purificado; o carinho pela idosa chamada de Senhora Morte, acolhendo-a como uma pessoa normal enquanto todos os outros a temem e a evitam, da mesma forma que normalmente fazemos com a nossa mortalidade. Como em Alice no País das Maravilhas, Donnie segue o coelho mas não cairá em um buraco normal mas em um buraco de minhoca, criando um conto de fadas contemporâneo com um final condizente com a perda da inocência dos dias atuais.

Nota: 4/5

22/07/2017

O Dormitório (2014)

The Dorm

Se levasse mais a sério a sua suposta premissa inicial, uma garota com problemas psicológicos com baixa autoestima e não aceitando o próprio corpo, O Dormitório poderia ser um filme interessante. Ao submeter-se aos mais que desgastados vícios e modelos do gênero terror, O Dormitório abraça a mediocridade.

Vivian (Alexis Knapp) entra na faculdade e rapidamente cria um círculo de amizades, fato estranho dado o seu passado de problemas com autoaceitação e timidez. Logo coisas estranhas passam a ocorrer e os interesses de seus novos amigos se tornam duvidosos. Até o ponto em que temos dúvidas sobre o que está realmente ocorrendo, imaginação da mente perturbada de Vivian ou realidade, O Dormitório ainda se sustenta, apesar de alguns sustos bobos e outros truques baratos para manter o interesse. A partir do ponto que assume o seu caráter sobrenatural, tudo desaba e a obra cai na vala comum das centenas de filmes de horror descartáveis lançados todos os anos. A estória e as interpretações não convencem, tudo soa artificial e ao final nada faz sentido.

A única coisa que salva O Dormitório de ser um desastre total a ponto de ser impossível de se assistir é o seu ritmo, que é razoável e mantém um fluxo constante de acontecimentos, ainda que muitas vezes as coisas que acontecem ou não fazem sentido ou são desnecessárias para a estória - meros artifícios para manter a atenção da audiência. Apesar desse pequeno alento, nada em O Dormitório ficará na memória, talvez apenas a religião inventada pelo filme, o albanismo, por conta do seu nome que soa engraçado. Soar engraçado era exatamente o que os realizadores não queriam que acontecesse.

Nota: 2/5

23/07/2017

Blade Runner, o Caçador de Andróides (1982)

Blade Runner

O escritor Philip K. Dick teve várias de suas obras adaptadas para o cinema, como O Vingador do Futuro, Minority Report: A Nova Lei e O Pagamento. Dentre todas as suas estórias, que nos desafiam mostrando os caminhos que a tecnologia pode tomar e suas consequências nas pessoas, a de Blade Runner é a que gerou o filme mais impactante em termos de qualidade e significados, permanecendo novo e influente mesmo com 35 anos de idade.

Blade Runner, baseado no conto Androides Sonham com Ovelhas Elétricas?, conta a estória de quatro androides que estão ilegalmente na Terra e são perseguidos por Rick Deckard (Harrison Ford), um caçador de androides aposentado. A obra respeita a inteligência do público e nem tudo é explicado com detalhes, como por exemplo o que aconteceu com o planeta Terra para se tornar um lugar miserável com noite e chuva eternas - o que importa é que a Terra só é habitada pelos que não podem ir embora ou não tem condições financeiras de abandonar o planeta. O que impera é o artificial - não há animais naturais, só fabricados - e as telas gigantes com imagens publicitárias, e é interessante notar como o apartamento de Deckard renega essa realidade, com decoração remetendo aos velhos tempos, provavelmente mais doces na memória e imaginação do velho policial. Além do visual fantástico (marca registrada do diretor Ridley Scott), o que fascina e mantém Blade Runner interessante em qualquer época é a quantidade de símbolos e interpretações que sua estória abriga, por exemplo: Deckard é um humano ou é um androide? A androide Rachael (Sean Young) pergunta a ele se já foi submetido ao teste Voight-Kampff, que é feito para diferenciar humanos de androides, e ele não responde; tudo o que sabemos sobre a família de Deckard são algumas fotos antigas vistas em seu apartamento, aparentemente desconexas entre si, que poderiam ser memórias implantadas; os sonhos com o unicórnio, que pode ser visto como uma representação do artificial, daquilo que é criado pelo homem, e que seriam uma característica dos androides. Finalmente algo mais sutil: os androides não seriam mortos quando eliminados mas aposentados (retired no original); Deckard no início do filme estava aposentado (ele saiu do retirement) e poderia ser um androide que foi reativado para cumprir uma nova missão.

As interpretações dos signos encontrados em Blade Runner são inúmeras: os quatro androides podem ser vistos como os indesejados que a sociedade não quer abraçar pois temos a prostituta Pris (Daryl Hannah), o trabalhador braçal e brutamontes Leon (Brion James), a mulher forte e independente Zhora (Joanna Cassidy) e o líder rebelde Roy (Rutger Hauer). A simbologia religiosa já perto da conclusão é bastante clara, com Roy exibindo a chaga na palma da mão como Cristo e segurando a pomba branca, como se repetindo o pacto entre deus e os homens da mitologia cristã com o pai (humano Deckard), o filho (androide Roy) e a pomba representando o espírito santo. Roy salva o humano e se sacrifica, mostrando que não só o seu intelecto e força eram superiores às das pessoas mas também sua moral.

Finalmente, Blade Runner toca na busca do criador e no medo da morte e por isso é tão fácil projetar-se em Roy. Se deus existisse e o encontrássemos, como no caso de Roy, e ele se mostrasse totalmente indiferente às dores e medos da sua criatura da mesma forma que o criador Dr. Eldon Tyrell (Joe Turkel), talvez fizéssemos o mesmo que Roy: matar o criador afundando seus olhos, destruindo suas janelas da alma, afinal as janelas não são mais necessárias na ausência da alma.

Nota: 5/5

24/07/2017

Escute Minha Canção (1991)

Hear My Song

Escute Minha Canção tem como pano de fundo o exílio do cantor irlandês real Josef Locke, que fugiu do Reino Unido por conta de problemas com o fisco, tudo isso contado de forma bastante exagerada e fantasiosa.

Micky O'Neill (Adrian Dunbar), dono de um clube (casa de shows) prestes a falir, tenta contratar o tenor Josef Locke, que há muito não se apresentava no Reino Unido, para salvar o seu negócio. A partir daí encontros, desencontros e enganos acontecem, sempre mantendo um tom doce e agradável enquanto acompanhamos Micky em busca do verdadeiro Josef Locke. O que se destaca em Escute Minha Canção é seu conjunto, regular e harmônico, e embora nunca nos faça gargalhar sempre nos mantém com um sorriso no rosto. Há uma ou outra cena gratuita feita apenas para fazer graça, mas são poucas e a grande maioria dos acontecimentos movem a estória para a frente.

Escute Minha Canção é gostoso de assistir e principalmente é despretensioso, assumindo a sua natureza de diversão leve e descompromissada. Há poucos conflitos e os que existem são amenizados pelo humor e rapidamente resolvidos. Bom passatempo para relaxar com o bônus de ensinar algo que eu desconhecia: existem tenores - e de sucesso! - na Irlanda.

Nota: 3/5

25/07/2017

Kiki, Love to Love (2016)

Kiki, el amor se hace

Dacrifilia, somnofilia e dendrofilia: essas e outras parafilias (comportamentos sexuais pouco usuais) são o tema de Kiki, Love to Love, filme baseado em outro, A Pequena Morte de 2014.

Também conhecido no Brasil como Kiki: Os Segredos do Desejo, a obra conta algumas estórias paralelas de casais envolvidos com alguma parafilia. Temos o marido que droga a esposa para manter relações sexuais com ela adormecida (somnofilia), a esposa que só alcança o orgasmo se o marido estiver chorando (dacrifilia) e a personagem que se excita com árvores, legumes e frutas (dendrofilia), entre vários outros fetiches. Pode parecer um filme pesado ou mesmo pornográfico, mas tudo é tratado com leveza e humor e embora tenha uma certa carga erótica nada é vulgar ou de gosto duvidoso. O fato de ser baseado em um outro filme tão recente - algumas cenas são idênticas até na decupagem - acaba desvalorizando Kiki, Love to Love, afinal ele não é original, mas colocando as duas obras lado a lado Kiki é ligeiramente superior à sua inspiração, tendo mais humor - o que combina com o tema - e ousando nas cenas mais quentes e nos fetiches apresentados, além das criativas imagens que remetem a atos e estados sexuais, como o sorvete pingando na mão da mulher excitada ou a laranja sendo explorada com os dedos.

Alguns podem se chocar com algumas cenas, mais pelas ideias envolvidas do que propriamente com o que se vê na tela, mas mesmo esses se divertirão em algum ponto de Kiki, Love to Love. O humor é a melhor forma de desmistificar alguma coisa e filmes que tentam fazer isso com o sexo e suas variadas formas, algumas vistas como tabu ainda hoje, sempre serão bem vindos.

Nota: 3/5

26/07/2017

A Lenda de Tarzan (2016)

The Legend of Tarzan

O cinema adora Tarzan - mais de 50 obras sobre o herói foram produzidas - então era mera questão de tempo que um novo filme do rei das selvas surgisse. A Lenda de Tarzan, sua mais nova encarnação, abraça o cinema pipoca exagerado típico dos filmes de super-heróis - afinal ele disputa o mesmo público das produções da Marvel - mas embora divertido, carece de carisma e emoção.

No início, A Lenda de Tarzan dá a impressão de que será mais criativo do que outros filmes do herói, ao ignorar a sua origem e já mostrá-lo na Inglaterra como Lorde Greystoke. Mero engano: todo o arco narrativo do nascimento e formação de Tarzan é mostrado na forma de flashback, soando como um artifício pobre apenas para mostrar-se diferente de outros filmes. Tudo é bem definido: os vilões são muito maus, os mocinhos são puros e nobres, não há possibilidade de ambiguidades e esse tipo de narrativa tem perdido espaço mesmo nos blockbusters, onde já há algum tempo é comum vermos heróis de caráter duvidoso e vilões relutantes. Esse excesso de personagens caricaturais reflete nas interpretações e vemos Christoph Waltz, que interpreta o vilão Leon Rom, no piloto automático, repetindo o seu tipo básico de mau e a única coisa que diferencia Leon de outros vilões de Waltz é o figurino. Outro problema é o excesso de efeitos digitais, feitos por computador, que na maior parte do tempo são artificiais em excesso. Isso pode parecer irrelevante, mas um efeito especial não pode provocar incômodo a ponto de destruir a imersão do público na obra, roubando a atenção da estória ou da atuação dos atores.

O maniqueísmo de A Lenda de Tarzan funciona de certa forma, afinal é impossível não torcer para quem combate assassinos escravagistas. A sua excessiva previsibilidade e roteiro infantil o tornam um passatempo descartável que logo é esquecido.

Nota: 3/5

27/07/2017

Orca - A Baleia Assassina (1977)

Orca

Pode-se definir Orca - A Baleia Assassina como um filme sobre a vingança da natureza contra o homem, em uma espécie de Moby Dick às avessas. Oscilando entre cenas mal realizadas e outras belas e até emocionantes, graças ao magnífico tema criado por Ennio Morricone, Orca - A Baleia Assassina aparenta ser um filme B com alguns momentos de inspiração.

O Capitão Nolan (Richard Harris) quer capturar uma orca para fazer dinheiro e acaba pegando uma fêmea.

Muito machucada pela violência da caçada, ela aborta - sim, ela estava grávida (não uso o termo prenhe dada a antropomorfização do animal) - amarrada ao navio de Nolan. Nem o bebê e nem a mãe sobrevivem e o "marido" da orca fêmea parte em busca de vingança. O arco principal não é o problema em Orca - A Baleia Assassina, mas sua realização: alguns planos são de gosto duvidoso, beirando à cafonice como quadros pintados por artistas medíocres em feirinhas de artesanato. Nas cenas com as orcas é nítido quando estamos vendo um boneco e quando estamos vendo animais reais - mesmo com os reais, nota-se claramente quando são selvagens e filmados no mar e quando estão em aquários, com uma incômoda mudança brusca na cor da água, escura no mar e transparente nos tanques artificiais. Muitos criticam a intepretação de Richard Harris como Nolan, mas vejo que ele compôs com sucesso um personagem confuso e de certa forma infantilizado pelas suas limitações culturais.

O que realmente chama a atenção em Orca - A Baleia Assassina é a sua trilha sonora original, composta por Ennio Morricone. Nitidamente os realizadores perceberam que a qualidade da música é infinitamente superior a do filme, usando e abusando da belíssima melodia. Experimente assistir à Orca sem a música e você verá algo como o avô de Sharknado; já com a música, sentimos apreço pela família de orcas e até pena da ignorância e consequente destino trágico de

Nolan.

Orca - A Baleia Assassina é ruim? Em diversos aspectos sim, mas tudo vale a pena para ouvirmos Ennio Morricone, que torna belos até mesmo planos bregas como quadros de Romero Brito.

Nota: 2/5

28/07/2017

Mojave (2015)

Mojave

Mojave ou O Assassino de Mojave conta a estória do insuportável cineasta Tom (Garrett Hedlund), que aborrecido com a sua vida de luxos, festas e prêmios vai para o deserto de Mojave com ideias suicidas. Lá encontra Jack (Oscar Isaac), um estranho personagem que vive nessa região inóspita e passa a perseguir Tom após alguns eventos que os dois viveram enquanto estavam isolados.

O que chama a atenção no filme é o quanto todos os personagens são desprezíveis e logo passamos a torcer para que todos se matem e não sobre ninguém. A obra brinca com essa falta de projeção da plateia, citando um certo momento que ninguém tem pena do sofrimento de pessoas ricas. Mas não são as posses materiais que tornam todos antipáticos mas suas atitudes em relação aos outros e à vida.

A estória como um todo não faz muito sentido e a maioria dos seus acontecimentos é inverossímil. A mediocridade é camuflada com alguma filosofia de botequim - o que pode querer um homem que já tem o que queria - e com a ideia do doppelgänger ou duplo de Tom. Jack seria o Tom sem sorte, que não deu certo, tendo ambos o mesmo talento e inteligência, assim como a falta de caráter, mas Tom estava no lugar e hora certo e tornou-se um cineasta milionário de sucesso enquanto Jack vivia de restos no deserto. O conceito é muito interessante e com realizadores mais talentosos poderia render um bom filme, o que não é o caso de Mojave.

Nota: 2/5

29/07/2017

Um Contratempo (2016)

Contratiempo

Um Contratempo é um bom filme com final surpreendente, que poderia ser ainda melhor não fossem alguns pontos negativos que incomodam quase ao ponto de estragar toda a experiência.

O jovem e premiado executivo Adrián Doria (Mario Casas) é encontrado em um quarto de hotel com o cadáver de sua amante Laura (Bárbara Lennie) e é imediatamente acusado de assassinato, já que ninguém viu outra pessoa entrar ou sair do quarto, que estava trancado por dentro quando a polícia chegou. Adrián nega ser o assassino e toda a obra se desenvolve mostrando o acusado contando diversas versões do que teria ocorrido para a sua advogada a fim de montar sua defesa, assim como fatos acontecidos durante o seu passado com Laura. Pouco a pouco novos elementos vão sendo introduzidos, envolvendo outras pessoas e complicando toda a estória. Essa complicação passa um pouco do ponto e ao mesmo tempo que move o filme também gera confusão e erros de lógica, como quando Adrián diz que em determinado momento foi a última vez que viu Laura para dez minutos depois ele reencontrá-la. Outro problema é a trilha sonora, ostensiva demais e marcando as cenas de forma tão intensa que incomoda - a música não precisa explicar a cada segundo o que o público deve sentir com determinado plano. Mas o grande ponto fraco de Um Contratempo é o protagonista, Mario Casas: ele é péssimo, com a mesma expressão letárgica em qualquer situação ou momento emocional. Ele parece tentar transmitir a frieza de Adrián Doria mas acaba mostrando apenas a sua incapacidade de interpretar.

Prendendo a atenção todo o tempo - às vezes até pelas suas falhas - Um Contratempo é satisfatório e isso se confirma na sua conclusão, que realmente é difícil de se antecipar. Então se fizermos de conta que Adrián Doria é daquele jeito por conta de algum problema cognitivo e colocarmos a TV em um volume baixo, Um Contratempo é uma excelente diversão.

Nota: 3/5

30/07/2017

Os Fantasmas se Divertem (1988)

Beetlejuice

Um casal de protagonistas que morre logo no início da projeção e um bio-exorcista - um exorcista ao contrário, que expulsa os vivos: só isso já mostra a capacidade de subverter as expectativas do público e a criatividade de Os Fantasmas se Divertem. Mais preocupado em surpreender do que em manter-se coerente, Os Fantasmas se Divertem patina na estória mas tornou-se parte da cultura pop com seus personagens e visual de desenho animado.

Adam (Alec Baldwin) e Barbara Maitland (Geena Davis) adoram sua casa e são constantemente pressionados a vendê-la pela corretora Jane (Annie McEnroe). O casal morre em um acidente e como fantasmas se recusam a deixar o lar que tanto amavam, agora ocupados por novos moradores. Toda a estória se baseia na tentativa do casal expulsar os novos donos da casa que estão vivos, exatamente o oposto ao que estamos acostumados, com fantasmas que assombram residências e devem ser expulsos - aqui os vivos é que são assustadores. O desenho de produção e dos personagens é característico do diretor Tim Burton e vários dos elementos serão reprisados em obras como O Estranho Mundo de Jack e A Noiva Cadáver, sempre tratando a morte e o macabro como algo natural e até engraçado.

Não poderia deixar de destacar o personagem título (ao menos no original em inglês), Beetlejuice ou na verdade Betelgeuse (Michael Keaton), o fantasma bio-exorcista que quer vender os seus serviços aos Maitland e expulsar os habitantes vivos da casa. O filme acerta em utilizar Betelgeuse de forma comedida, com pouco tempo na tela para que não enjoemos dele mas roubando toda a atenção quando aparece. Todo o humor, principalmente quando tem a participação de Betelgeuse é cartunesco, com lógica e física de desenho animado e consequentemente muito divertido.

Os Fantasmas se Divertem descarta a coesão para criar momentos na tela e isso acaba soando como preguiça dos roteiristas, já que em um filme como esse, comédia com fantasmas, qualquer regra poderia ser criada e seguida sem problemas pois é totalmente desconectado com a realidade. Todo o segundo ato - o meio do filme - parece desnecessário em termos de estória e sem muito sentido, servindo apenas para ocupar espaço enquanto aguardamos a conclusão. Independente dos problemas, Os Fantasmas se Divertem é único a sua maneira e mesmo não sendo uma obra-prima ainda é muito lembrado mesmo com quase 30 anos de idade.

Nota: 3/5

31/07/2017

A Princesa e o Sapo (2009)

The Princess and the Frog

A Princesa e o Sapo traz uma bem-vinda quebra de paradigmas das chamadas princesas Disney: a personagem principal não é uma princesa, o príncipe é um malandro falido e o principal, a protagonista é uma mulher negra.

A última animação tradicional da casa de Mickey Mouse - todas as posteriores a essa até agora, 2017, foram feitas utilizando computadores como ferramenta principal - conta a estória de Tiana (voz de Anika Noni Rose), uma jovem ambiciosa e trabalhadora vivendo na Nova Orleans da década de 1920. Como na maioria dos contos de fadas, há um feitiço e ela e o príncipe deserdado Naveen (voz de Bruno Campos) se transformam em sapos. Na sua jornada para voltarem a forma humana, conhecem novos amigos e acabam descobrindo mais sobre eles mesmos. Tudo foi modernizado e com exceção de Naveen não há príncipes ou princesas reais, mas nobres empossados apenas durante o Mardi Gras (carnaval de Nova Orleans). Tiana tem como objetivo de vida abrir um restaurante e melhorar de vida e não casar com um príncipe; acaba eventualmente se apaixonando por Naveen, mas não abandona o seu sonho profissional. Até a tradicional "mensagem" deixa de lado os batidos "seja você mesmo" ou "siga o seu coração" e abraça um conceito bem mais complexo: o que você deseja é realmente o que você precisa? É para fazer qualquer aspirante a princesa pensar.

A música é outro destaque e embora não tenhamos um hit como Let It Go de Frozen, as diversas músicas de A Princesa e o Sapo mantém a qualidade, sempre dentro da atmosfera do jazz de Nova Orleans. Não poderiam ficar de fora as referências, uma tradição das animações contemporâneas e podemos ver desde uma releitura do beijo de A Dama e o Vagabundo até uma mais sutil mas que faz qualquer cinéfilo sorrir, quando um personagem chama sua cachorra chamada Stella da mesma forma que Marlon Brando em Uma Rua Chamada Pecado.

O passado nunca deve ser desprezado e filmes como Branca de Neve e os 7 Anões continuam sendo obras-primas eternas. Porém estórias de mulheres que viveram felizes para sempre com seus príncipes não fazem mais sentido nos dias de hoje. Se alguém deseja ter uma princesa como inspiração, melhor que seja Tiana de A Princesa e o Sapo do que Aurora de A Bela Adormecida.

Nota: 4/5

01/08/2017

O Escritor Fantasma (2010)

The Ghost Writer

O diretor Roman Polanski já havia explorado uma estória sobre os mistérios guardados por um livro em

O Último Portal de 1999. Diferente desse, que envolve o sobrenatural, O Escritor Fantasma é realista ao expor como as pessoas, inclusive os governantes, são manipulados para atender a interesses escusos nos bastidores da política.

Um ghost-writer (escritor que não recebe os créditos pela obra) interpretado por Ewan McGregor é contratado para escrever a autobiografia do ex primeiro-ministro britânico Adam Lang (Pierce Brosnan), envolvido em um escândalo por ter entregado à CIA cidadãos britânicos envolvidos com terrorismo. O texto inicial escrito por Lang aparentemente é apenas literatura ruim, mas há algo mais no rascunho do livro que pode revelar segredos envolvendo a relação da CIA com o governo inglês.

O roteiro é engenhoso e pequenas informações vão sendo reveladas pouco a pouco, montando o quebra-cabeças. É ainda mais admirável ao notarmos que tudo o que vimos explica satisfatoriamente a aparente conclusão e ficamos satisfeitos, mas nos últimos cinco minutos há uma reviravolta e as pistas que colhemos durante todo o filme fazem ainda mais sentido, dando imensa satisfação à audiência ao mesmo tempo deixando um certo gosto amargo por nos mostrar que ao lutar contra certas forças é impossível vencer.

O único personagem inocente no filme é o ghost-writer, ingênuo como alguém que mede o mundo (ou as pessoas) segundo os seus próprios escrúpulos.

Todos os outros tem algum nível de culpabilidade pelos eventos da obra, mostrando que no mundo político não há espaço para pureza mas apenas para o pragmatismo.

Ao seu final, O Escritor Fantasma evoca a mesma ideia sombria de Sob o Domínio do Mal de 1962, mostrando como os políticos manipulam e são manipulados, sempre obedecendo a interesses maiores não importando o tamanho do seu cargo, seja um presidente ou um primeiro-ministro. A vontade da população acaba sendo um mero detalhe, afinal quem manda é quem tem o ouro, sempre foi assim e sempre será.

Nota: 4/5

02/08/2017

Café Society (2016)

Café Society

Woody Allen faz pelo menos um filme por ano já há mais de 30 anos e é incrível o quão regular é a qualidade de suas obras. Café Society é apenas regular e muito longe dos melhores de Allen, mas é bonito e prazeroso de se ver embora nada memorável.

Bobby (Jesse Eisenberg) é um nova-iorquino que migra para Los Angeles a fim de trabalhar com seu tio Phil Stern (Steve Carell), agente de estrelas de Hollywood. Ele se apaixona por Vonnie (Kristen Stewart), secretária e amante de seu tio e forma-se um triângulo amoroso. A maioria dos filmes de Allen tem um personagem que representa o alter ego do diretor e aqui Bobby faz esse papel - é interessante vermos Jesse Eisenberg imitando até mesmo a postura de Woody Allen. A fotografia é outro destaque, tornando tudo agradável, com tons mais realistas para Nova Iorque e dourados para Los Angeles, até com algum soft focus criando um efeito enevoado, como se a cidade e seus habitantes pertencessem ao mundo dos sonhos. O grande ponto fraco dessa vez é o roteiro, que tem uma ou outra coisa interessante aqui e ali mas acaba se rendendo a um arco romântico ordinário.

Uma produção cinematográfica constante, anual como a de Woody Allen cobra o seu preço e seus filmes mais recentes estão nitidamente se repetindo. Apesar disso, os seus filmes continuam charmosos e com a sua inconfundível assinatura.

Nota: 3/5

03/08/2017

Assassino Invisível (2014)

The Town That Dreaded Sundown

Assassino Invisível é assumidamente baseado em Pânico ao Anoitecer de 1976 (várias cenas do filme original são mostradas e recriadas), que por sua vez é vagamente baseado em crimes reais que aconteceram em 1946. Acredito que seja fácil perceber que essas inspirações em cadeia não podem - e não irão - produzir um bom filme.

O mais interessante de Assassino Invisível é a cidade onde os eventos ocorrem e que é uma importante personagem da trama, Texarkana, que fica na divisa entre dois estados e na verdade são duas cidades gêmeas: Texarkana no Texas e Texarkana no Arkansas, com dois prefeitos, xerifes e leis correspondentes aos estados a que pertencem. Descontando-se esse fato tudo na obra é banal e Assassino Invisível nada mais é do que um genérico de Sexta-Feira 13 e do seu famoso assassino Jason. As motivações dos personagens, principalmente um muito importante na execução dos assassinatos, não faz sentido e a explicação do por quê emula de forma pobre os motivos dos assassinos da franquia Pânico - já perdi a conta de quantos filmes foram "homenageados".

Provavelmente o diretor Alfonso Gomez-Rejon de Assassino Invisível era um grande fã da obra original - só isso para justificar essa revisita logo no seu primeiro longa-metragem. Confesso que não assisti ao filme de 1976 e não quero julgá-lo sem conhecê-lo mas não acredito que seja uma obra-prima a se julgar pelo tema e pelas cenas exibidas na sua reimaginação. Talvez ele tenha julgado que Pânico ao Anoitecer, sendo quatro anos mais novo, inspirou Jason de

Sexta-Feira 13 e quis fazer justiça. A única coisa que ele conseguiu ao mexer no cadáver foi cometer o crime de vilipêndio.

Nota: 2/5

04/08/2017

Terremoto (1974)

Earthquake

Junto com O Destino do Poseidon e Inferno na Torre, Terremoto fundou as bases dos chamados filmes catástrofe contemporâneos. As fórmulas usadas nesses filmes do começo da década de 70 são as mesmas que podemos encontrar em obras mais modernas como Titanic de 1997 ou O Impossível de 2012.

A fórmula é a seguinte: vários personagens são apresentados, alguns conectados entre si e outros não, mas todos compartilharão da tragédia que está por vir mostrando heroísmo, medo, superando obstáculos e sendo obrigados a deixar para trás pessoas amadas (ou não) vitimadas pelo desastre. O filme acerta em não focar apenas no protagonista Graff (Charlton Heston), distribuindo bem a estória entre vários personagens. Por outro lado, o equilíbrio falha ao não aproveitar melhor personagens de atores talentosos como o bêbado interpretado por Walter Matthau ou esquecer de outros, como o motociclista Miles (Richard Roundtree), que desaparece do filme em determinado momento e não ficamos sabendo nada sobre o seu destino. Os efeitos especiais são convincentes ao retratar o estrago causado por um terremoto e embora possam parecer datados em alguns momentos (década de 70, sem efeitos por computador, apenas maquetes e efeitos óticos) conseguem ajudar a contar a estória de maneira satisfatória.

Terremoto é um excelente passatempo, com bom ritmo e alguns pequenos problemas, mas que chama a atenção mesmo hoje em dia. Soma-se a isso a diversão de vermos vários rostos conhecidas de Hollywood em versões diferentes das que estamos acostumados: mais novas, como George Kennedy, ou mais velhas, como Ava Gardner. A dica é ignorar que o que está sendo destruído são apenas maquetes e divertir-se com Terremoto.

Nota: 3/5

05/08/2017

Contos Iranianos (2014)

Ghesse-há

Problemas corriqueiros, alguns até banais, mostrados em pequenas estórias vividas por pessoas comuns no Irã contemporâneo que mostram que, descontadas as diferenças culturais, as misérias humanas são semelhantes em qualquer lugar.

O realismo retratado em Contos Iranianos é impressionante, às vezes até parecendo um documentário e não é à toa que o que liga os diversos personagens é um documentarista - algumas cenas são mostradas do ponto de vista da sua câmera. As interpretações são naturais e temos a sensação de que estamos vendo gente que poderíamos encontrar na rua, não atores, desnudando problemas iranianos que dolorosamente são muito familiares para nós brasileiros: violência contra a mulher, descaso das autoridades, desemprego.

Contos Iranianos acerta em sua crítica e também na sua autocrítica, quando o documentarista é questionado sobre a utilidade do seu filme, que não tem o poder de alterar ou melhorar as coisas. Provavelmente não tem mesmo, mas ao explicitar a dureza da vidas das pessoas pode de alguma forma aliviar a dor ou quem sabe inseminar as cabeças com ideias para quem sabe algum dia a realidade possa ser modificada.

Nota: 4/5

06/08/2017

Floresta Maldita (2016)

The Forest

É muito comum em filmes de ação que os roteiristas, percebendo que as coisas estão muito calmas na tela já por muitos minutos, inventem uma cena cujo único propósito é criar ação, sem muita importância para o desenvolvimento da estória. Sempre há cenas desse tipo em filmes, por exemplo, como da franquia do agente 007 e é um recurso perdoável se usado de forma econômica.

Em Floresta Maldita a mesma ideia é usada para os sustos e a cada par de minutos alguma coisa acontece de forma artificial apenas para causar sobressaltos na audiência, ressaltando a mediocridade da obra.

Aokigahara é uma floresta no Japão realmente usada por suicidas para seu último passeio e Floresta Maldita é baseado nesse fato. Sara (Natalie Dormer) vai até o Japão procurar sua irmã gêmea Jess, desaparecida e vista pela última vez em Aokigahara. A premissa triste e interessante é desperdiçada com sustos tolos e uma estória frouxa, que não consegue em nenhum momento fazer com que a plateia crie empatia com Sara ou com a sua irmã Jess. Tudo é coroado com um final condizente com o restante do filme, onde um personagem importante reaparece como por encanto nos últimos minutos, ocorre um exagerado ataque massivo de fantasmas e o inevitável susto final gratuito antes dos créditos.

No final das contas, Floresta Maldita deturpa Aokigahara e a memória dos que lá faleceram, já que a violência das entidades que habitam a floresta deixa em dúvida qual o número de suicidas e qual o número de pessoas que foram mortas pelos fantasmas. E levanta ainda outra dúvida: é melhor assistir Floresta Maldita ou acampar em Aokigahara? Eu prefiro a segunda opção.

Nota: 1/5

07/08/2017

Família Hollar (2016)

The Hollars

Uma família comum, com seus integrantes nutrindo sentimentos ambíguos e tácitos uns pelos outros: Família Hollar é um filme simples e com cara de sitcom, mas que se sustenta pela força de seu elenco que consegue transmitir união e amor familiar por trás dos segredos e emoções dissimuladas.

John Hollar (John Krasinski) mora em Nova Iorque mas tem que voltar a sua pequena cidade natal por conta da internação da mãe, Sally (Margo Martindale), que descobriu ter um grande tumor no cérebro. Esse evento inicia uma verdadeira terapia familiar e arestas que foram sendo afiadas ao longo dos anos de convívio (ou falta dele) vão sendo aparadas. Família Hollar é leve, até engraçado, mas com toques melancólicos ao tratar de pequenos problemas que podem acontecer com qualquer um de nós - não há grandes desafios nem transformações radicais dos personagens, mas descobertas e transições realistas. Podemos enxergar alguns signos em cenas simples, como quando John tenta brincar no balanço da sua infância mas ele arrebenta com o seu peso de adulto, mostrando que o passado e mais do que isso, quem ele foi um dia não pode ser revivido. Ou o tumor de Sally, resultado (simbólico, que fique bem claro) dos anos de dificuldade financeira e dúvidas sobre sua felicidade e decisões do passado, como o seu casamento com Don Hollar (Richard Jenkins).

Família Hollar é emocionante e divertido, mesmo parecendo um episódio estendido (e muito melhorado) de Modern Family ou de Transparent, transportando de forma verdadeira as relações familiares para a tela.

Nota: 3/5

08/08/2017

Matadouro Cinco (1972)

Slaughterhouse-Five

Matadouro Cinco conta a estória de Billy Pilgrim (Michael Sacks), que alega viajar pelo tempo e espaço, indo para outras épocas como à Alemanha nazista durante a Segunda Guerra Mundial e a outros planetas. Apesar da premissa de ficção científica, a obra trata basicamente da vida de um homem contada sob o ponto de vista de suas memórias e desejos e acreditar ou não nelas depende do espectador.

Quando Billy diz estar voltando ao passado, na verdade está lembrando e revivendo toda a sua vida e possivelmente fantasiando em alguns pontos. Sempre com uma atitude apática em relação às outras pessoas e aos acontecimentos à sua volta, ele realmente comporta-se como um visitante, um observador, como se aquela vida não fosse a dele, sempre sendo levado pelos acontecimentos e nunca ao contrário. Porém Matadouro Cinco traz alguns mistérios (spoilers a frente!): Billy sofre um acidente de avião ficando muito ferido e a partir desse ponto começa a viajar no tempo. Uma interpretação é que ele está em coma desde o acidente e todas as supostas viagens no tempo e espaço são lembranças e fantasias de Billy em estado vegetativo. Outro enigma é o afogamento que Billy sofre em uma piscina ainda criança. A partir desse incidente, o conceito de fantasia criada pela mente do nosso herói pode ser expandida, começando na infância e dessa forma explicando o comportamento infantilizado e indiferente do Billy adulto, sempre agindo como uma criança assustada.

À primeira vista, Matadouro Cinco parece um filma banal e até medíocre, mas quanto mais se pensa na obra mais interpretações e signos vêm a mente, além de suas claras influências em filmes como Donnie Darko e Forrest Gump. Obras que perturbam e nos fazem pensar como Matadouro Cinco devem ser reverenciadas.

Nota: 4/5

09/08/2017

O Lar das Crianças Peculiares (2016)

Miss Peregrine's Home for Peculiar Children

O Lar das Crianças Peculiares é baseado no livro O Orfanato da Srta. Peregrine Para Crianças Peculiares de Ransom Riggs, que se inspirou em antigas fotos com figuras assustadoras e pitorescas colecionadas pelo autor. Levar essa espécie de X-Men com crianças frágeis e nada heroicas para o cinema parecia uma boa ideia, mas resultou em um filme insosso.

Algumas decisões tomadas pelos realizadores de O Lar das Crianças Peculiares parecem incorretas: para quê o pai de Jake (Asa Butterfield) foi com ele para a ilha remota a fim de encontrar o lar das crianças peculiares? Pode-se dizer que ele é menor de idade e precisa de acompanhamento, mas como estamos falando de um filme alguma justificativa deveria ser dada para que ele fosse sozinho, porque a presença de seu pai soa como um artifício para criar dificuldades artificiais, que logo são superadas, apenas para aumentar a duração da obra. Outro problema é a falta de normas claras no universo diegético ao qual o filme pertence e confesso que não entendi boa parte das "regras": os monstros chamados etéreos podiam ou não ser vistos por Miss Peregrine (Eva Green)? Se eles projetam sombra, qual a grande dificuldade em saber onde eles estão? As crianças podiam ficar quanto tempo fora do loop temporal sem envelhecer? Essa falta de respostas demonstra uma certa preguiça dos roteiristas em elaborar uma estória mais bem amarrada. Para finalizar, o maior erro foi a escalação do protagonista, Asa Butterfield. Ele já era fraco ainda criança em A Invenção de Hugo Cabret de 2011 e piorou ainda mais agora que é um jovem, não tendo carisma e falhando em demonstrar emoções.

Talvez seja isso que defina O Lar das Crianças Peculiares, a falta de emoção. O vínculo criado entre a plateia e os personagens é fraco e acabamos não nos preocupando com o destino deles, fato piorado pela previsibilidade do roteiro. Sem criar emoção ou ter uma estória memorável e nem sendo explosivo como um filme pipoca, O Lar das Crianças Peculiares acaba ficando preso em seu próprio loop, não chegando a lugar algum.

Nota: 2/5

10/08/2017

A Garota Húngara (2015)

Félvilág

Três mulheres formando um triângulo, de certa forma amoroso, sendo duas delas intimamente ligadas pelo passado, pela inveja e pelo ressentimento. A Garota Húngara envolve com sua trama que vai sendo aos poucos revelada, mesmo utilizando eventualmente alguns recursos pobres de telenovela em seu roteiro.

A estória se passa no ano de 1910 em Budapeste quando uma nova criada, Szebeni Kató (Laura Döbrösi), é contratada para ajudar a governanta Kóbori Rózsi (Dorka Gryllus) a cuidar da patroa, a ex-prostituta Mágnás Elza (Patricia Kovács). A relação da patroa e da governanta guarda segredos do passado e elas nutrem sentimentos ambíguos uma pela outra. Kató passa a ser de certa forma disputada pelas duas, que a querem como aprendiz ou da vida de luxúria, no caso de Elza, ou contida e religiosa, no caso de Rózsi. O novelo de acontecimentos que levaram àquela configuração de patroa e empregada, de rica e pobre, passa a ser desenrolado.

A Garota Húngara é bem realizado, com desenho de produção convincente ao retratar a época em que se passa. A fotografia ressalta a neblina em diversos momentos, como se estivesse nos lembrando que tanto o futuro quanto o passado daquelas mulheres ainda estava obscurecido pela densa névoa. Em alguns momentos nota-se uma certa preguiça dos roteiristas e alguns truques típicos dos folhetins televisivos são utilizados, com muitos personagens usando a desagradável frase "fiquei sabendo" ao confrontar alguém com uma informação que se julga nova.

Sempre com uma atmosfera sensual e mantendo um fluxo constante de acontecimentos, A Garota Húngara prende a atenção do começo ao fim. Tenho reservas à abertura do filme, que mostra Elza morta em uma mala, mas a obra é competente ao deslocar a tensão do "o quê" para o "como e por quê", mantendo o suspense até o final e entregando uma boa diversão.

Nota: 3/5

11/08/2017

Rastro de Maldade (2015)

Bone Tomahawk

Rastro de Maldade é um faroeste contemporâneo que tenta inovar ao colocar os personagens típicos do gênero - o xerife, os bandidos, o vaqueiro - lutando não uns contra os outros mas contra um inimigo comum.

Após a enfermeira Samantha (Lili Simmons) ser sequestrada, um grupo de quatro homens - o xerife Hunt (Kurt Russell), o marido de Samantha e vaqueiro Arthur (Patrick Wilson), o pistoleiro Brooder (Matthew Fox) e o ajudante de xerife Chicory (Richard Jenkins) - sai em missão de resgate e deverá enfrentar um bando de selvagens canibais chamados de trogloditas. Essa dinâmica de juntar algumas pessoas sem muito em comum para enfrentar uma ameaça externa não é nova e foi usada recentemente em outro faroeste, Cowboys & Aliens de 2011. O que difere Rastro de Maldade é sua crueza e violência explícita e não somos poupados de testemunharmos toda a brutalidade dos trogloditas em cenas dignas de filmes de horror. Na verdade a estória é extremamente simples e o que sustenta o filme são os atores, todos com carisma para preencher a tela sem esforço, a relação entre os personagens e a expectativa de descobrirmos quem irá sobreviver - durante toda a narrativa a missão é vista como suicida.

Gosto de enxergar as atitudes violentas dos trogloditas como uma vingança dos nativos contra o homem branco e Rastro de Maldade dá esse espaço, com Brooder se gabando de já ter matado dezenas de índios, incluindo mulheres e crianças. Porém os métodos brutais dos monstros somados às atitudes modernas dos heróis - por exemplo o carinho e respeito que eles demonstram pelas esposas - nos levam a torcer incondicionalmente pelos homens brancos. O fato da obra fazer com que nos deixemos levar mais pela emoção do que pela razão é uma prova de que ela foi bem realizada.

Nota: 3/5

12/08/2017

Estrada Perdida (1997)

Lost Highway

A maioria dos filmes de David Lynch são enigmas a serem desvendados (ou não!) pela audiência. Estrada Perdida não é exceção, sendo uma obra totalmente aberta, onde cada indivíduo vai enxergar signos, mensagens e até mesmo estórias diferentes.

É impossível resumir Estrada Perdida sem estragar surpresas inerentes à experiência - até mesmo a sinopse do imdb.com entrega demais, então vou dizer apenas que o filme começa acompanhando o casal Fred (Bill Pullman) e Renee Madison (Patricia Arquette), aparentemente com algum problema, já que ele é bastante frio com ela; além disso, eles recebem pelo correio estranhas fitas VHS com filmagens da casa e até mesmo do quarto do casal. A partir daí as coisas tomam rumos totalmente inesperados - talvez nem tanto para quem conhece a obra do diretor David Lynch. Estrada Perdida não é tão maluco quanto Eraserhead de 1977 e nem tão "explicável" quanto Cidade dos Sonhos de 2001 -

estaria o diretor ficando mais palatável por pressão da indústria? - guardando algumas similaridades com o seriado Twin Peaks, permitindo interpretações que vão desde o sobrenatural, passando pelas alucinações e chegando até em realidades paralelas. Os elementos espalhados pelas cenas enriquecem a obra e suscitam as diferentes visões que temos do filme, como a cabana que sempre é mostrada sendo incendiada em câmera reversa - o que estamos vendo está em ordem cronológica? - ou um importante personagem que ao final parece estar envolto em raios - seria tudo aquilo uma alucinação em seus momentos finais na cadeira elétrica?

Não é preciso decodificar totalmente uma obra de arte, como uma pintura, para admirá-la. E é assim que Estrada Perdida deve ser visto, como uma obra a ser apreciada mesmo que não completamente entendida, com cada pessoa projetando seus próprios medos e experiências e tornando a experiência inesquecível.

Nota: 5/5

13/08/2017

O Bebê de Rosemary (1968)

Rosemary's Baby

Não há sustos, monstros ou sangue e mesmo assim O Bebê de Rosemary é assustador. Usando apenas a arte cinematográfica para criar sugestão - muitas pessoas juram ter visto o bebê e achado ele horrível, mesmo com a criança nunca ser mostrada no filme - Roman Polanski criou uma obra-prima de terror sobrenatural ou um drama sobre uma grávida extremamente perturbada, cabe a quem assiste decidir.

Rosemary (Mia Farrow) e Guy Woodhouse (John Cassavetes) mudam-se para um novo apartamento, cercado por vizinhos estranhos que passam a intrometer-se na vida do casal. Antes avesso a essa nova amizade, repentinamente Guy passa a frequentar a residência dos vizinhos e a incentivar Rosemary a estreitar laços, até que a moça engravida e as coisas ficam cada vez mais insólitas.

Há um grande cuidado com os detalhes em O Bebê de Rosemary e tudo o que aparece na tela mostra-se relevante em algum momento, em um jogo de pista-recompensa que dá prazer à audiência: o medo de tocar a barriga de Rosemary demonstrado por Guy, o vizinho Roman Castevet (Sidney Blackmer) que na festa de ano novo anuncia que aquele será o ano um, o casal Woodhouse jogando scrabble, jogo que será importante para desvendar parte da trama. Todas essas pistas são espalhadas de forma natural e fluente, nunca parecendo ter sido plantada apenas para gerar espanto no público. Outro grande acerto é a composição da personagem Rosemary, com uma inocência e passividade quase infantil, cuja personalidade nos permite acreditar nas coisas que ela é capaz de se submeter por imposição dos outros.

É possível enxergar toda a estória de O Bebê de Rosemary como um conjunto de coincidências e alucinações e o próprio diretor Roman Polanski afirma ter deixado tudo ambíguo de forma proposital. Não consigo enxergar dessa forma, pois apesar de haver alguma ambiguidade o número de coincidências é tão grande ao descontarmos o elemento sobrenatural que o filme é mais verossímil se abraçarmos a explicação mais óbvia e fantástica, que o bebê de Rosemary realmente é o filho do demônio. Mas isso pouco importa, o que não sai da cabeça ao final de O Bebê de Rosemary é quando alguém diz "Ele tem os olhos do pai" sem que o bebê seja mostrado, deixando que cada um "veja" o bebê dentro da sua cabeça; nada melhor para criar os mais sombrios pesadelos do que a nossa própria imaginação.

Nota: 5/5

14/08/2017

Inferno (2016)

Inferno

Como estória e montagem confusas, Inferno se perde em suas reviravoltas criando uma trama sem sentido com o objetivo de manter a qualquer custo a sensação de urgência dos personagens em salvar o mundo.

Inferno é o terceiro filme protagonizado pelo personagem Robert Langdon (Tom Hanks), criado pelo escritor Dan Brown, e mesmo com os outros dois não sendo grande coisa esse é de longe o pior deles. Tudo parece equivocado, desde o roteiro, montado com o único objetivo de surpreender sem se preocupar com bobagens como lógica e coesão, até a montagem, que não permite que entendamos claramente o que acontece nas cenas. Tom Hanks está no piloto automático, ou interpretando estar dopado (Langdon está sob efeito de drogas durante metade do filme) ou cuspindo informações enciclopédicas rasas extraídas diretamente da wikipédia. Felicity Jones como Sienna Brooks até se salva com sua energia e beleza, mas a estúpida reviravolta de sua personagem acaba com todos os esforços da atriz.

Inferno é um caça-níqueis de quinta categoria, feito para arrancar alguns tostões do público por conta dos nomes de Dan Brown e Tom Hanks. Tem como único objetivo exibir cenas de Tom Hanks e Felicity Jones correndo e fugindo dos vilões - que em mais uma reviravolta cretina acabam tornando-se aliados - em belos cenários da Itália, demonstrando a enorme inteligência de Langdon ao repetir pedaços de poemas e pílulas de cultura de botequim provavelmente aprendidos na internet. Para conhecer a Itália sem viajar, melhor ver algum programa do National Geographic e evitar Inferno, que ao menos acertou no nome da produção, que no dicionário tem o seguinte significado entre outros: extremo sofrimento infligido por certas circunstâncias, sentimentos ou pessoa(s); martírio, tormento. Não há mais perfeita definição para essa obra!

Nota: 1/5

15/08/2017

Pantaleão e as Visitadoras (2000)

Pantaleón y las visitadoras

Adaptação do romance homônimo de Mario Vargas Llosa, Pantaleão e as Visitadoras conta uma estória original e inusitada: a implantação pelo Exército Peruano de um serviço executado pelas chamadas "visitadoras", prostitutas contratadas para servirem aos soldados peruanos em localidades remotas da selva amazônica, sob o comando do Capitão Pantaleón Pantoja (Salvador del Solar).

O grande destaque do filme é o material de Varga Llosa, que mistura comédia e drama recheados de críticas irônicas às instituições e à sociedade. Nada escapa da acidez do texto, que não poupa os militares e seus métodos que beiram o transtorno obsessivo compulsivo e a sociedade, hipócrita e sempre disposta a enxergar os fatos da maneira que lhe convém. Os delitos ancestrais, prostituição e consumo de drogas, sempre existiram e sempre existirão e a luta contra eles, liderada pelo governo com a ajuda das religiões organizadas, normalmente manipula a opinião pública para obter o apoio da sociedade nessa guerra, com interesses que envolvem invariavelmente muito dinheiro. O terceiro braço da tríade, a imprensa, não foi esquecida e é mostrada como corrupta e manipuladora na figura do radialista Sinchi (Aristóteles Picho).

Outro ponto abordado é a cultura da meritocracia às avessas, mostrada no Exército Peruano mas que caberia na maioria dos serviços públicos latino-americanos, ilustrada pela extrema eficiência do Capitão Pantaleón que, ao contrário do que seria o lógico, não o leva a um crescimento na carreira mas o oposto, à sua ruína profissional.

A primeira metade de Pantaleão e as Visitadoras, que mostra a montagem da organização das visitadoras, tem ritmo impecável e fluente; a segunda parte perde muito tempo com o romance de Pantaleón e Colombiana (Angie Cepeda), como se tudo já tivesse sido contado e agora só restasse esperar pelos eventos finais e conclusão. Independente desse pequeno desequilíbrio, Pantaleão e as Visitadoras é uma produção competente e uma obra ímpar por conta da sua rica fonte de inspiração.

Nota: 4/5

FABIO CONSIGLIO

16/08/2017

O Monstro do Ártico (1951)

The Thing from Another World

O Monstro do Ártico é mais uma ficção-científica seminal da década de 50, que estabeleceu parâmetros para o gênero e influenciou vários outros filmes, entre eles O Enigma de Outro Mundo de 1982, que é uma reimaginação direta da obra de 1951.

A estória é simples: militares e cientistas norte-americanos descobrem um disco voador com um tripulante no Ártico e levam a criatura ainda congelada à base. O alienígena volta à vida ao descongelar-se e passa a ameaçar todos os membros da estação ártica. Os militares, por conta do momento histórico (pós Segunda Guerra Mundial e durante a Guerra Fria), são extremamente exaltados em detrimentos dos cientistas, que demonstram uma ingenuidade infantil ao defender a ciência pura ignorando os riscos da presença alienígena. Todos os integrantes da Força Aérea Americana estão sempre relaxados e rindo frente ao perigo em uma clara mensagem política, aliviando de forma exagerada a tensão do filme. Outro problema é a câmera invisível, em um estilo de decupagem simples utilizada pelo diretor Howard Hawks (não creditado, aqui ele teoricamente seria apenas produtor mas na verdade co-dirigiu o filme) que não combina com algumas cenas que exigem planos mais elaborados, como planos detalhes que mostrariam elementos importantes como a mão do monstro. O que chama a atenção em O Monstro do Ártico é o seu legado, que pode ser encontrado em vários elementos da obra, como o já citado papel do cientista que coloca o conhecimento como mais importante do que a vida dos envolvidos, ou o contador geiger usado como "detector de monstros", copiado literal e assumidamente por James Cameron em Aliens - O Resgate. Há também a inteligente decisão de mostrar minimamente o monstro, que mesmo possivelmente motivada por problemas de maquiagem é extremamente eficiente - lição aprendida por Steven Spielberg em Tubarão.

Ao final de O Monstro do Ártico a política por trás da estória de fantasia fica bem clara, com o alerta para que todos fiquem de olho no céu, alusão do perigo comunista e do risco de uma guerra nuclear. A guerra fria acabou (pelo menos da forma que estava desenhada nas décadas de 50 e 60) mas os pilares da ficção-científica deixados por O Monstro do Ártico continuam firmes.

Nota: 4/5

17/08/2017

Nebraska (2013)

Nebraska

David (Will Forte) leva o seu pai Woody Grant (Bruce Dern), um idoso alcoólatra apresentando estágios iniciais de demência, até o Nebraska a fim de resgatar um suposto prêmio de um milhão de dólares. No trajeto, David descobrirá mais sobre o seu pai do que nos últimos 30 anos.

Nebraska conta uma estória de família tendo como pano de fundo a recessão norte-americana de 2012-2013, misturando drama e comédia na medida certa ao desnudar as relações familiares que funcionam muito bem quando separadas por milhares de quilômetros. A grande força do filme é seu elenco, com óbvio destaque para Bruce Dern, que nunca deixa o estereótipo fácil do idoso senil dominar o seu personagem, dando a ele humanidade e profundidade.

É fácil identificar-se com toda a gama de familiares - do tio calado aos sobrinhos espertalhões passando pela tia fofoqueira - e com a forma como a vida toma as decisões pelos personagens (ou por nós), através das confissões feitas por Woody de uma forma sincera e direta que só a idade e uma certa senilidade permitiriam.

Woody pode ser visto como um símbolo da economia em crise dos Estados Unidos: um dia foi forte mas sempre sendo excessivamente permissivo, pensa que tem dinheiro a resgatar mas só tem o suficiente para sobreviver e vive seus dias atuais com debilidade. Mesmo ignorando-se esses signos, Nebraska é tocante na medida que permite a espectadores de várias idades - idosos e adultos maduros - projetarem-se facilmente, criando conexão através do humor e da familiaridade que sentimos pelos seus personagens.

Nota: 4/5

18/08/2017

O Caseiro (2016)

O Caseiro

O Caseiro é um exemplar de um gênero não muito explorado pelo cinema brasileiro, o horror sobrenatural, que apesar das falhas e da óbvia inspiração em O Sexto Sentido (1999) prende a atenção e consegue surpreender com o segredo revelado em sua conclusão.

Davi (Bruno Garcia) é um psicólogo que escreveu um livro onde demonstra, através de casos práticos, que os fantasmas não existem e são produtos de mentes que vivenciaram algum tipo de trauma. A jovem Renata (Malu Rodrigues) pede sua ajuda para tentar descobrir o que acontece com sua irmã Julia (Bianca Batista), que alega receber a visita do fantasma de um antigo caseiro da fazenda onde vive.

A produção poderia ser mais sutil e deixar a plateia na dúvida, pelo menos por algum tempo, sobre a natureza sobrenatural dos eventos, mas a trilha sonora marcada e pesada praticamente grita para a audiência desde os primeiro minutos do filmes que um fantasma vai aparecer a qualquer momento. O comportamento do psicólogo Davi também causa estranheza, pois apesar de afirmar não acreditar em fantasmas e dizer mais de uma vez que não é um caça-fantasmas ele age como se acreditasse e como se estivesse procurando por fantasmas. Isso pode até ser explicado pela verdadeira natureza das suas experiências, que será revelada mais tarde, mas a forma como ele se apresenta não corresponde aos seus atos.

Apesar da produção carente de recursos - por exemplo a casa da fazenda, nitidamente um hotel mal disfarçado - O Caseiro consegue nos enganar e o seu final surpreendente ainda faz sentido mesmo se assistirmos ao filme novamente cientes da sua reviravolta e procurando falhas que comprometam a lógica da solução - eu não achei nenhuma erro. Só pelo fato dos produtores arriscarem em um gênero não tradicional do nosso cinema evitando as onipresentes comédias de costume, somado a sua engenhosidade, O Caseiro merece aplausos.

Nota: 3/5

19/08/2017

O Panaca (1979)

The Jerk

No seu primeiro longa-metragem como estrela principal, Steve Martin brilha encarnando o extremamente ingênuo Navin em O Panaca, comédia nonsense que usa as atitudes inocentes e infantis do seu protagonista para fazer rir.

Navin é um homem branco adotado por uma família negra (no começo do filme ele não sabe que é adotado!) que decide abandonar seu lar para viver por conta própria. As suas atitudes idiotas, que o fazem agir quase como um deficiente mental, trazem problemas mas também o amor e até o sucesso. A obra é um veículo perfeito para o talento de Steve Martin e é impossível não rir com as situações absurdas em que Navin se envolve, muitas vezes lembrando um desenho animado com pessoas reais. O roteiro é fantasioso e não faz muito sentido, mas combina perfeitamente para esse tipo de filme em que as risadas são muito mais importantes do que qualquer lógica. O que realmente importa em um filme do gênero comédia é o ritmo, eficiente nesse caso distribuindo bem as piadas ao longo de toda a obra.

As características e atitudes de Navin e a graça que elas provocam lembram em muito o personagem Homer Simpson de Os Simpsons, mostrando que ao menos na ficção o sonho americano é acessível a qualquer um, não importando os seus dotes físicos ou intelectuais. O Panaca, além de ser um filme engraçadíssimo por suas situações e por seu astro, constando na lista dos 100 mais engraçados filmes americanos de todos os tempos do American Film Institute, trás como bônus a piada do sucesso ao alcance de qualquer um, seja ele um trabalhador assalariado com QI abaixo da média ou um rapaz adotado por uma família negra pobre.

Nota: 4/5

20/08/2017

O Terror das Mulheres (1961)

The Ladies Man

Jerry Lewis faleceu aos 91 anos ontem, 20/08/2017, e será lembrado como perfeccionista, rabugento, o primeiro nerd personificado no cinema além de obviamente um cômico genial, fonte de inspiração e imitação de uma geração de humoristas passando por Jim Carrey e Steve Martin e chegando até aos brasileiros Marcius Melhem e Leandro Hassum. Em O Terror das Mulheres, estrelado e dirigido por Lewis, a estória é simples, quase inexistente, dando espaço ao humor físico milimetricamente coreografado dentro de uma estrutura de esquetes criativos.

Herbert H. Heebert (Jerry Lewis) é abandonado pela sua pretensa namorada no dia de sua formatura. Decepcionado com as mulheres, vai a procura de emprego evitando a todo custo o contato com as garotas, mas acaba conseguindo trabalho em uma casa enorme que serve como uma espécie de pensão para dezenas de jovens senhoritas. O que mais chama a atenção nos primeiros minutos de O Terror das Mulheres, além claro da graça de Jerry Lewis (é impossível não rir quando a mãe de Herbert é mostrada - o próprio Lewis travestido!) é o enorme cenário utilizado como a mansão de Miss Helen N. Wellenmellon (Helen Traubel), local onde moram as diversas garotas e que se parece com uma grande casa de bonecas, com vários andares e cômodos abertos, escancarando a sua natureza lúdica. O ambiente é perfeito para as mais diversas cenas cômicas, sem preocupação com o realismo, muitas vezes utilizando lógica e humor de desenho animado. O humor de Lewis é muitas vezes baseado na mise-en-scène, usando e abusando de quedas, tropeços e encontrões, o que talvez não agrade a todos, mas não há como ignorar a excelência na criação e execução dos atos.

O Terror das Mulheres é um filme delicioso, para assistirmos rindo de forma despretensiosa. Ele não conquista por seu roteiro mas pela engenhosidade das suas gags e piadas, utilizando o talento de Jerry Lewis como comediante e como diretor, em um tipo de humor infantil que foi um pouco desgastado pelo excesso de imitações mas que nesse caso ainda mantém o frescor e genialidade do produto original.

Nota: 4/5

21/08/2017

Samsara (2011)

Samsara

Samsara é um documentário fotográfico sem roteiro ou diálogos, filmado em mais de 20 países em 5 continentes, montando um mosaico de belezas naturais, desastres, fábricas, cidades e pessoas, deslumbrando com sua beleza e fazendo pensar com a sequência de suas imagens.

Em alguns trechos de Samsara, ficamos em duvida se aquele cenário que está sendo exibido é real ou foi gerado por computador, tamanha a beleza e estranheza causada. Em outros momentos, a realidade mostrada acaba com o conforto da nossa ignorância, ao mostrar por exemplo uma granja ou uma fábrica de processamento de carne de porco, nos lembrando que a linguiça ou o nugget que comemos tem como principal ingrediente um animal que um dia esteve vivo. A montagem também é engenhosa, por exemplo exibindo sequencialmente uma fábrica de alimentos, um mercado atacadista, uma lanchonete fast food e finalmente um obeso sendo preparado para uma cirurgia bariátrica. Tanto a técnica de montagem como as imagens sendo exibidas sem diálogos ou roteiro nos remetem ao primeiro cinema, onde o encantamento vinha exatamente do deslumbre causado pela sucessão de fotografias na tela.

A natureza mostrada por Samsara, mesmo quando em convulsão como nas erupções vulcânicas, é sempre mais serena do que a civilização. Ao vermos as fábricas e cidades o contraste se torna brutal, com toda a aparente organização equilibrando-se com dificuldade sobre o caos potencial. Tem-se a impressão que a humanidade, pelo menos a porção concentrada em grandes centros urbanos, tem como único objetivo o consumo sem sentido e o consequente descarte - o filme mostra também isso, exibindo lixões em várias partes do mundo depois de mostrar fábricas e mercados. Esse é o sentimento que fica após assistirmos Samsara: deslumbramento pela natureza e, por que não, pelo engenho humano mas um enorme temor pelo futuro.

Nota: 4/5

22/08/2017

Meu Amigo, O Dragão (2016)
Pete's Dragon

O que se salva em Meu Amigo, O Dragão são as sequências em que o garoto Pete (Oakes Fegley) interage com o dragão Elliot, que são bem feitas e até provocam alguma emoção. Todo o resto se resume a um filme tolo e previsível, que falha em criar empatia com os personagens.

A única criatura com que nos importamos em Meu Amigo, O Dragão é Elliot, o dragão digital que mais se parece com um cachorro - aliás, é comum as produções da Disney transformarem os animais que interagem com os humanos em cães, comportamental ou fisicamente. Todos os humanos são rasos como pires e é impossível sentirmos algo por eles, incluindo o garoto que vive na floresta aos cuidados do dragão Elliot, o órfão Mogl... digo, Pete, que não transmite o drama do abandono causado pela morte dos pais. Nada chama a atenção e assistimos a obra no piloto automático, apenas esperando a sua óbvia conclusão.

Meu Amigo, O Dragão é uma refilmagem ou

reimaginação de Meu Amigo o Dragão de 1977 (o título oficial em português do Brasil é assim mesmo, com diferenças sutis entre as versões), que misturava live action com animação. Parecendo uma imitação barata de filmes de Steven Spielberg, essa nova versão poderia ter sido feita com mais cuidado, sem dar a impressão que foi produzida pelo time B dos Estúdios Disney.

Nota: 2/5

23/08/2017

Bananas (1971)

Bananas

Em Bananas Woody Allen expõe o quão ridículas são as ditaduras latino-americanas, ainda que sanguinárias, assim como as intervenções dos Estados Unidos nesse países.

Fielding Mellish (Woody Allen) se envolve com a

ativista Nancy (Louise Lasser) e acaba viajando para San Marcos, um pequeno país latino-americano em meio a um golpe de estado. A estupidez de todos os lados é exposta e ninguém é poupado: a imprensa tratando tudo como um espetáculo, com o golpe sendo televisionado como um evento esportivo, os militares golpistas, com sua truculência vaidosa, os rebeldes, que são idênticos aos atuais mandatários só que do outro lado e os Estados Unidos, apoiando a qualquer um que sirva a seus interesses camuflando tudo com o batido discurso de defesa da liberdade. Tudo é feito com humor para todos os gostos, com destaque para o incrível texto de Woody Allen, mas com espaço para o humor físico e até algum apelo erótico.

Bananas é um clássico que explica a atuação dos EUA na América Latina durante as décadas de 60 e 70 melhor do que muitos livros ditos sérios, além de ser engraçadíssimo. Não à toa, está na lista do American Film Institute dos 100 mais engraçados filmes norte-americanos na posição 69, o que combina perfeitamente com a obra.

Nota: 5/5

24/08/2017

Frankenstein (1931)

Frankenstein

A figura do monstro de Frankenstein é icônica - embora não seja nem um pouco plausível, afinal para que parafusos aparentes em um cadáver? - e grande parte da população da Terra sabe do que se trata ao ver imagens do ator Boris Karloff maquiado como a criatura. Com um roteiro fraco, em alguns momentos tolo e infantil, Frankenstein é um clássico por suas imagens e suas técnicas cinematográficas, sendo convincente ainda hoje, quase 90 anos depois de sua estreia.

Na cena de abertura, Edward Van Sloan aparece na tela em frente a uma cortina, advertindo a audiência sobre o que estavam prestes a testemunhar e aconselhando os mais fracos a desistirem enquanto era tempo. Essa técnica pode até parecer um pouco desonesta mas funcionou, deixando todos apreensivos e ansiosos para ver o filme. Logo, diversas cenas que habitaram o imaginário popular do século XX começam a surgir: o cientista Henry

Frankenstein (Colin Clive) e seu assistente corcunda Fritz (Dwight Frye), a cama com o monstro sendo elevada para receber os raios que lhe darão novamente a vida, Henry gritando "It´s alive, it´s alive!" - Está vivo, está vivo!, o monstro entrando pela janela no quarto da noiva de Henry, Elizabeth (Mae Clarke) e finalmente o moinho em chamas da conclusão. A estrutura simples e baseada em imagens - não há sequer trilha sonora pontuando as cenas - faz com que nos lembremos da obra quase que plano por plano, demonstrando a força do material. Há problemas como o miolo do filme, que mostra como o monstro se rebela após ser ressuscitado, que é corrido e pouco convincente e Colin Clive como Henry Frankenstein, caricato e exagerado, quase risível, parecendo estar atuando em um filme mudo.

Independente dos defeitos, os planos de Frankestein continuam impactantes, mesmo não sendo um filme brilhante e nem constando na lista das maiores obras de terror - Nosferatu de 1922, por exemplo, é muito melhor - porém a sensação de déjà vu que temos vendo Frankenstein - na época as pessoas devem ter tido a sensação de jamais vu - demonstra a sua genialidade.

Nota: 4/5

25/08/2017

Death Note (2017)

Death Note

Baseado no mangá Desunōto do início dos anos 2000 e já adaptado tanto em animações com em filmes live action, Death Note é relativamente fiel à sua fonte, o que é bom em alguns aspectos mas ajuda a arruinar o filme em outros.

A estória é fascinante: o estudante Light Turner (Nat Wolff) acha um caderno - o death note - que dá ao seu dono o poder de matar a pessoa que quiser, em qualquer parte do mundo, bastando para isso escrever o nome da vítima no caderno enquanto se visualiza mentalmente o seu rosto. A obra acerta - ponto para a fidelidade ao material original - quando Turner não se limita a vinganças pessoais e resolver "limpar" o mundo eliminando todos os criminosos, assumindo a identidade de Kira, um deus vingador que quer reestabelecer a justiça. Falta ao filme, no entanto, uma certa seriedade que daria mais peso a toda trama e parte da culpa disso é, além do visual e montagem de videoclipe, a utilização de elementos do mangá que não funcionam na tela, como o detetive L (Lakeith Stanfield), que nunca convence da sua suposta genialidade, mais parecendo um rapper mimado. O excesso de coincidências utilizadas, talvez pelo necessidade de condensar muitos acontecimentos que provavelmente levaram meses em apenas 90 minutos, também incomoda e é difícil acreditar na plausibilidade de justamente o pai de Tuner liderar a investigação sobre as mortes causadas por Kira. Tudo piora no último ato e o caderno, que originalmente servia apenas para nomear quem seria morto, passa a ser quase que um terminal de computador onde se pode programar pessoas, com ordens complexas e estruturas condicionais. Como cereja do bolo, temos perto do final uma cena de perseguição que pode ser utilizada como catálogo de clichês desse tipo de sequência, apresentando desde a escorregada nos carros na rua, passando por uma cozinha (?) e acabando em um beco sem saída.

Death Note como conceito é uma grande ideia e talvez fosse melhor explorado como uma série, talvez mostrando o caderno com diversos donos em épocas diferentes, sem falar do shinigami (demônio) Ryuk (voz de Willem Dafoe) cujo visual é ao mesmo tempo fascinante e assustador. Porém o resultado final é, talvez por excessiva reverência ao material original, talvez por preguiça ou falta de talento dos realizadores, decepcionante.

Nota: 2/5

26/08/2017

Eva Não Dorme (2015)

Eva no duerme

Para quem não é argentino é difícil entender o fascínio e adoração por Eva Perón - talvez seja difícil até para os argentinos mais novos. Eva Não Dorme falha ao não conseguir convencer os não iniciados sobre a santidade de Evita, o que dilui qualquer impacto que o filme tenta provocar.

Eva Não Dorme não conta a história da vida mas a história da morte de Evita - a sua vida pública é rapidamente pinçada com imagens documentais - através de episódios ligados pelo cadáver da ex-primeira dama: o embalsamamento, o roubo do cadáver e finalmente a tentativa de descobrir onde ele foi escondido pelos militares golpistas. Falta unidade ao filme mas o principal problema é o fato da obra não conseguir explicar a força do mito Evita, focando demais na sua suposta beleza física em cenas de adoração que flertam com a necrofilia, sendo impossível não pensar em atração sexual quando o médico que cuidou do corpo alisa as pernas da falecida ou quando o soldado que rouba o cadáver quase o beija. Há ainda uma desonestidade que incomoda, envolvendo a escalação do ator Gael García Bernal como Massera; o ator é onipresente nos materiais promocionais do filme e seu nome é o primeiro a aparecer, com grande destaque. Seu papel porém é mínimo, uma ponta sem grande importância criada apenas para chamar a atenção e dar peso ao filme.

Em alguns momentos, Eva Não Dorme se torna um espetáculo beirando o grotesco, reduzindo a figura de Evita a uma boneca fetiche. Serve ao menos para mostrar a estupidez e brutalidade dos militares que tomaram o poder na Argentina - muito parecidos com os brasileiros - e para nos lembrar a origem do termo "descamisados", populismo tão usado aqui no Brasil pelo ex-presidente Fernando Collor.

Nota: 2/5

27/08/2017

As Três Noites de Eva (1941)

The Lady Eve

As Três Noites de Eva é um filme bem feito, leve e divertido, além de uma comédia romântica modelo, apresentando todos os elementos vistos até hoje nos filmes desse sub-gênero.

A golpista Jean (Barbara Stanwyck) tenta aplicar um golpe no milionário Charles (Henry Fonda) mas acaba apaixonando-se por ele. A partir daí, a estrutura básica da comédia romântica passa a dominar e o casal se separa, enfrenta obstáculos, os enamorados passam por uma evolução ou transformação e voltam a se reunir no final feliz. Independente do modelo, que parece desgastado nos dias de hoje, o que importa aqui é como as coisas são feitas e As Três Noites de Eva não decepciona, nunca insultando a inteligência da plateia. A estória é bem amarrada e interessante, até com toques míticos que insinuam o perigo representado por Jean como o nome adotado por ela, Eve (ou Eva) e a cobra de estimação de Charles. Há algum exagero no humor pastelão no que se refere a

Charles, desajeitado em excesso, mas é compreensível já que isso reflete a sua inabilidade para lidar com o mundo e principalmente com as mulheres e a sua extrema ingenuidade.

Obra escapista por excelência, pintando o mundo de cor-de-rosa e livre de maldades, As Três Noites de Eva deve ser julgado pela sua proposta e partindo dessa premissa ele certamente se destaca ao unir comédia e romance de forma fluente e inteligente. Mesmo o machismo bíblico que demoniza a mulher, visto através dos signos do nome Eva e da cobra é amenizado ou até mesmo anulado pelo humor e pureza dos personagens, fazendo de As Três Noites de Eva uma grande comédia romântica que se destaca justamente por saber exatamente qual o seu papel, ser uma diversão despretensiosa.

Nota: 4/5

28/08/2017

Cegonhas (2016)

Storks

Se alguma criança ainda acreditava na lenda da cegonha, popularizada por Hans Christian Andersen no conto As Cegonhas, deixará de acreditar frente a mediocridade de Cegonhas, animação sem propósito ou personalidade que provoca uma única coisa em quem a assiste, sonolência.

As cegonhas sempre entregaram bebês mas acabaram percebendo que era mais simples e lucrativo mudar o seu foco de negócios e transformar-se em uma empresa de entrega de encomendas, como uma FedEx emplumada. Essa é a premissa básica de Cegonhas e ao invés de desenvolver essa ideia fantasiosa e suas consequências - como os bebês passaram a nascer? alguém substituiu as cegonhas? - a obra investe em correrias sem sentido e humor baseado em personagens gritando e fazendo caretas. Tudo soa antiquado, desgastado, até a animação computadorizada tem design que lembra video games dos anos 90 e todos os personagens parecem genéricos. Nem crianças pequenas irão engolir as bobagens dos roteiristas, que soam absurdas até mesmo para um filme que conta a estória de aves parideiras. Perto do final há ainda uma cópia descarada de uma das principais cenas de Ratatouille da Pixar, que passa muito longe da homenagem flertando com o plágio puro.

Cegonhas é uma das piores animações dos últimos anos e a sua baixa qualidade não foi motivada por falta de recursos, já que a animação teve um orçamento estimado de US$70.000.000,00, mas pela falta de talento de todos os envolvidos, transformando a obra em um enorme desperdício de tempo e dinheiro.

Nota: 1/5

29/08/2017

Uma Sombra Passou Por Aqui (1969)

The Illustrated Man

Uma Sombra Passou Por Aqui é baseado, ou melhor, inspirado no romance The Illustrated Man de 1951 do famoso escritor de ficção científica Ray Bradbury. O filme, apesar de apresentar aspectos interessantes, soa datado e passa uma sensação de incompletude, como se fosse o primeiro episódio de um seriado.

Carl (Rod Steiger) é um homem que tem o corpo inteiramente ilustrado - ele rejeita a palavra tatuagem preferindo utilizar o termo ilustrações - e ao encontrar o andarilho Willie (Robert Drivas) passa a contar a sua estória e como conseguiu as ilustrações em sua pele. Cada um dos desenhos visualizados por Willie conta uma estória, normalmente no futuro e em realidades alternativas.

Os pequenos segmentos, iniciados pelas visão das tatuagens, exploram basicamente 3 ideias que põem em risco a humanidade: o perigo da tecnologia, o perigo da disciplina desumanizadora (como acontece com os militares) e o perigo das crenças extremas e nocivas (como as seitas que pregam o suicídio por conta do fim do mundo ou qualquer outro motivo). Embora os temas sejam atuais e existam boas ideias - por exemplo uma sala de jogos que funciona como o holodeck de Star Trek - todo o visual, design de arte e figurino ficaram ultrapassados e chega a ser constrangedor vermos as pessoas no futuro, dentro de casa, vestindo macacões metálicos e botas de encanador.

A impressão que temos é que o material inspirador - o livro de Ray Bradbury - era demais para os realizadores de Uma Sombra Passou Por Aqui e o filme acabou ficando muito aquém do que poderia ser. Longe de ser um filme ruim, decepciona pelo potencial desperdiçado.

Nota: 3/5

30/08/2017

Florence: Quem é Essa Mulher? (2016)

Florence Foster Jenkins

Logo no início de Florence: Quem é Essa Mulher? tive a impressão de que veria uma estória sobre uma rica mimada e entediada que alimentava o próprio ego através da ilusão de que sabia cantar. Graças porém ao trio de astros principal, que dão aos protagonistas uma dimensão humana ímpar, a obra envolve e emociona mesmo com sua trama simples e alguns momentos que quase sucumbem a pieguice.

A milionária Florence Foster Jenkins (Meryl Streep) ama a música e apoia financeira a cena musical novaiorquina. Graças ao seu poder econômico ela brinca de ser cantora lírica, a despeito da sua falta de talento, com o apoio incondicional do marido Clair Bayfield (Hugh Grant) e do pianista e companheiro de palco Cosmé McMoon (Simon Helberg). Tudo no filme é esquemático e nossos três heróis são constituídos apenas de virtudes - mesmo o fato de

Clair ter uma amante é aceitável frente as circunstâncias - sendo impossível não apoiarmos Florence mesmo que ela cante como um pato sendo esganando. Esse maniqueísmo só funciona por conta do talento de Meryl, Hugh e Simon, carismáticos e transmitindo uma bondade infinita em todos os seus atos. Quanto a Meryl Streep é desnecessário comentar sobre suas qualidades como atriz; Hugh Grant está ótimo - interessante como ele melhorou com a idade, quando jovem era um ator tedioso - e a grande surpresa é Simon Helberg, que combinou perfeitamente com seu personagem e mostra um talento que até choca a quem está acostumado a vê-lo atuando no seriado (às vezes mediano, às vezes medíocre) The Big Bang Theory.

Acredito que com quaisquer outros atores Florence: Quem é Essa Mulher? seria um filme insuportável, mostrando uma milionária gastando dinheiro e importunando os outros com o seu passatempo. Com o talento do seu elenco, a obra toca e diverte mesmo não sendo um filme inesquecível.

Nota: 3/5

31/08/2017

O Batedor de Carteiras (1959)

Pickpocket

O Batedor de Carteiras é uma alegoria sobre a nova geração na Europa do pós-guerra, sem grandes obstáculos a ultrapassar mas também sem rumo e sem ideais.

Michel (Martin La Salle) vive em Paris de pequenos furtos e aos poucos vai se sofisticando, tornando-se quase que um artista do roubo sem uso da violência. Os seus motivos não são claros - óbvio que o dinheiro é um incentivo - e ele parece roubar para preencher um vazio existencial. O vazio vivido pelos jovens depois da Segunda Guerra Mundial é um dos signos possíveis, mas mesmo mantendo-se alheio a isso a obra cria sequências belíssimas, com os furtos coreografados como um balé e executados de forma precisa, como se os ladrões fossem mágicos com uma destreza excepcional.

A falta de propósito de Michel é profética e ao ver a sua apatia em O Batedor de Carteiras não pude deixar de lembrar de Clube da Luta de 1999, em especial na frase do personagem Tyler Durden (Brad Pitt):

Somos uma geração sem peso na história.
Sem propósito ou lugar.
Nós não temos uma Guerra Mundial.
Nós não temos uma Grande Depressão.
Nossa Guerra é a espiritual.
Nossa Depressão, são nossas vidas.
Fomos criados através da tv para acreditar que um dia seríamos milionários, estrelas do cinema ou astros do rock.
Mas não somos.

Quarenta anos antes, O Batedor de Carteiras já havia dito tudo isso sem usar palavras.

Nota: 5/5

01/09/2017

Guardiões da Galáxia Vol. 2 (2017)

Guardians of the Galaxy Vol. 2

Barulhento e tolo, Guardiões da Galáxia Vol. 2 é um dos piores filmes do universo cinematográfico da Marvel, falhando em criar tensão de qualquer tipo, seja pela segurança dos personagens seja pelas relações entre eles.

O que mais chama a atenção em Guardiões da Galáxia Vol. 2 é a falta de criatividade dos roteiristas, simbolizada principalmente pelo fato da maioria dos alienígenas serem variações coloridas dos seres humanos, o que resulta em um desfile de pessoas verdes, azuis, alaranjadas, ou douradas. Toda a estória é uma perda de tempo que não leva a lugar nenhum e já sabemos de antemão quem irá sobreviver e quem irá morrer. Entendo que a produção mira uma estética kitsch mas acredito que tudo passou do ponto, com cores demais e com uma cafonice que lembra produções bem mais pobres como Flash Gordon de

1980.

Não funcionando nem isoladamente e nem para mover à frente a teia de filmes da Marvel, Guardiões da Galáxia Vol. 2 não conquista nem os fãs mais ardorosos. O único personagem com quem nos importamos minimamente é um guaxinim raivoso feito digitalmente; poderia até ser um elogio, mas acredite, não é.

Nota: 2/5

02/09/2017

O Enigma de Outro Mundo (1982)

The Thing

Refilmagem de O Monstro do Ártico de 1951, utilizando a mesma premissa porém com uma abordagem completamente diferente, O Enigma de

Outro Mundo é até melhor do que a obra que o originou.

Uma base na Antarctica é invadida por um alienígena que ataca ou assimila um animal, seja ele um cachorro ou um ser humano, imitando e substituindo de forma perfeita o hospedeiro. Essa ideia, já utilizada em Vampiros de Almas de 1956, é aqui desenvolvida com perfeição e a tensão da dúvida sobre quem é humano e quem é alienígena move O Enigma de Outro Mundo. Essa é apenas uma das várias decisões corretas dos realizadores e podemos destacar a instigante abertura, quando ainda não sabemos a natureza da criatura e somos surpreendidos pelo helicóptero norueguês tentando alvejar um cão, ou ainda a distância que todos os membros da base antarctica mantém uns dos outros, mostrando que não são amigos mas apenas colegas de trabalho, o que é essencial para o clima de desconfiança. O poder da combinação do isolamento, convívio forçado e desconfiança generalizada é tanta que Quentin Tarantino utilizou a mesma ideia em Os Oito Odiados, copiando até trechos de diálogos e trilha sonora (do mestre Ennio Morricone) de O Enigma de Outro Mundo.

A dúvida que paira nas mentes dos personagens também é compartilhada pela audiência mesmo após a conclusão do filme, que de forma discreta mantém o final em aberto. Discreta porque à primeira vista os sobreviventes parecem ser pessoas normais mas será que são mesmo? Os dois personagens que não morrem (não falarei quais) desapareceram da vista do público e dos seus companheiros tempo mais do que suficiente para que tenham sido substituídos pela entidade alienígena e essa possibilidade implícita, somada ao resgate que deve chegar em algum momento e às projeções mostrando que se o monstro chegasse em uma zona habitada em pouco tempo toda a humanidade seria eliminada, é muito mais assustadora do que se a criatura fosse mostrada novamente antes dos créditos.

A criatura ou a coisa (the thing) é extremamente afortunada pois gerou dois filmes excelentes (O Monstro do Ártico / The Thing from Another World e O Enigma de Outro Mundo / The Thing) e um razoável (a prequela A Coisa de 2011), além de provavelmente ter exterminado a humanidade no universo diegético do filme de 1982. Nada mal para um extraterrestre que ficou congelado por 100.000 anos.

Nota: 5/5

03/09/2017

Truman (2015)

Truman

Truman mostra como os homens tem dificuldade de verbalizar os sentimentos, assim como aborda um tema tabu que é o direito que cada um tem de decidir como e quando morrer.

Julián (Ricardo Darin) tem câncer terminal e recebe o amigo Tomás (Javier Cámara), que veio do Canadá para visitá-lo e despedir-se. Durante a estadia de Tomás, duas grandes decisões são tomadas por Julián: não continuar com o tratamento contra o câncer e conseguir uma nova família para o seu cão Truman (Troilo). O final é fácil de se imaginar com antecedência mas isso é o que menos importa, sendo o grande destaque a dinâmica entre os três amigos Julián, Tomás e Truman. Só os realmente insensíveis não vão se emocionar com as situações vividas pelos três graças ao roteiro, que nunca apela para o sentimentalismo barato ou para a pieguice e à interpretação do trio, incluindo o cachorro Troilo e não foi à toa que eu inclui o nome do "ator" ao citar o personagem.

Truman, o personagem, representa de forma perfeita o amor masculino que pode ser comparado ao amor de um cão: nunca verbalizado e demonstrado por atos e movimentos sutis, como olhares e toques. O drama vivido por Julián, ter conhecimento da proximidade da própria morte, remete ao médico britânico Richard Smith que afirma que morrer de câncer é a melhor morte possível, já que permite que nos preparemos e nos despeçamos de todos os entes queridos. Concordando ou não com isso, o envolvimento causado por Truman faz com que nos projetemos nos personagens e é isso que causa a emoção genuína, silenciosa e sem choro mas mais poderosa do que litros de lágrimas derramados por truques maniqueístas.

Nota: 4/5

04/09/2017

Amarcord (1973)

Amarcord

Usando as recordações de sua juventude, Federico Fellini desnuda a alma italiana com graça e beleza em Amarcord.

O título da obra já revela a inspiração para as pequenas historietas envolvendo Titta (Bruno Zanin), sua família e a pequena comunidade da costa italiana na década de 1930, já que amarcord é a forma fonética de io me ricordo (eu me lembro), expressão no dialeto da região de Emilia-Romagna, berço de Fellini. Para quem é descendente de italianos, tudo soará trivial, mas por trás das situações engraçadas e pitorescas as dicotomias italianas são expostas: a brutalidade oculta por gestos aparentemente inocentes e brincadeiras, a adoração por Mussolini e a tendência ao fascismo, a hipocrisia religiosa. Essa última em especial é ilustrada por duas cenas fantásticas: a da confissão, onde o padre ouve os supostos pecados dos jovens de forma automática e despreocupada e a chegada de novas prostitutas ao bordel da cidade, que desfilam pela piazza como se fosse uma procissão, revelando a verdadeira devoção dos italianos. Há diversas outras cenas antológicas, como o pavão na fonte ou a imensa face falante de Mussolini, além daquelas que mostram situações ao mesmo tempo engraçadas e familiares, como o tio desequilibrado de Titta que sobe em uma árvore e se recusa a descer até que lhe arranjem uma mulher.

Para os italianos ou descendentes, Amarcord cria uma conexão imediata; para os outros, talvez os descendentes de Rômulo e Remo pareçam exagerados, malucos e até delinquentes (adjetivo muito usado no filme), mas no fundo eles são caricaturas de todas as pessoas, independente da raça. Os vários personagens com características marcantes criam um mosaico humano que impedem que qualquer um fique apático, tornando Amarcord uma experiência única e inesquecível mesmo que não se entenda exatamente o por que, e é exatamente isso o que se espera de uma obra de arte.

Nota: 5/5

05/09/2017

Passageiros (2016)

Passengers

A nave Avalon está levando milhares de passageiros para colonizar um planeta distante, mas algo dá errado e uma das câmaras de animação suspensa falha, acordando Jim Preston (Chris Pratt) 90 anos antes do previsto. Com um arco principal suficiente para preencher no máximo um episódio de uma hora da série televisiva Black Mirror, Passageiros usa artificialidades em excesso na tentativa de nos manter interessados por quase duas horas.

Vai aqui um pequeno spoiler, mas que o material de divulgação do filme revela fartamente: Jim vai se sentir sozinho e no fim do primeiro ato ele acorda deliberada e unilateralmente Aurora (Jennifer Lawrence), brincando de deus ao invocar a sua Eva particular. A partir desse momento, o que conduz a obra é a dúvida sobre se Aurora vai descobrir que foi acordada - Jim disse a ela que o seu despertar também foi por conta de um mau-funcionamento. A forma que Aurora descobre a verdade é estúpida - difícil acreditar que a nave chegou tão longe com uma tecnologia que não prevê falhas e uma inteligência artificial tão burra - e a partir do momento que isso acontece não há mais nada a ser contado. Para que tenhamos mais 40 ou 50 minutos de filme, um novo personagem é introduzido de forma pouco convincente; quando ele não tem mais utilidade, ele morre - claro que antes ele tosse, um dos mais antigos clichês do cinema, a tosse que antecede a morte.

Passageiros não se sustenta e não se define, não sendo romance e nem ficção-científica. Tecnicamente é bom, o que não passa de obrigação em produções desse porte, com destaque para o design da espaçonave, que apresenta alguns conceitos plausíveis. Claramente faltaram ideias melhores no desenvolvimento da estória visto que, mesmo na Bíblia, o mito de Adão e Eva não ocupa muito mais do que 20 versículos, o que preenche menos de uma página.

Nota: 2/5

06/09/2017

Aladdin (1992)

Aladdin

Aladdin tem uma estória simples e uma mensagem tola e infantilizada, mas se destaca pela sua realização brilhante e o talento de Robin Williams.

Tudo em Aladdin é bem amarrado, desde o narrador no início do filme que na verdade é o gênio (reparem a roupa azul e obviamente a voz de Robin Williams) até as pistas plantadas durante a obra que serão utilizadas de forma relevante nas soluções do roteiro, gerando grande satisfação na audiência. Os números musicais também funcionam e acabam de vez com a ideia de que as músicas em animações são chatas e feitas apenas para crianças. Mas claro que o grande destaque é Robin Williams como o gênio, uma escolha perfeita para um personagem que pode ser qualquer coisa: um artista que pode encarnar qualquer um!

O número de pessoas homenageadas pelas imitações de Robin Williams através das materializações do gênio é imensa, com figuras muito conhecidas como

Robert De Niro e Jack Nicholson, até as difíceis de reconhecer (principalmente por nós brasileiros) como Carol Channing e Rodney Dangerfield, passando por antigos ídolos como Groucho Marx e Peter Lorre (reconhecer esse último não é fácil). O número de piadas contido nas falas de Robin é imenso e só as cenas com o gênio, que ganhou vida através do imenso trabalho e talento dos animadores, já valem pelo filme todo.

A "moral" de Aladdin - seja você mesmo - é ingênua em excesso e a figura da mulher representada pela Princesa Jasmine (voz de Linda Larkin), embora ensaie uma certa libertação feminina, ainda mostra o sexo feminino como submisso e necessitando de proteção. O Sultão (voz de Douglas Seale) é apresentado quase como uma criança ou um deficiente mental, recurso usado para justificar a sua atitude passiva frente às brutalidades do reino e pintar os personagens de preto ou branco, sem nuances cinzas. Independente disso tudo, Aladdin envolve com os seus truques e sua qualidade, figurando entre as melhores e mais lembradas animações da Disney de todos os tempos.

Nota: 4/5

07/09/2017

Mulher-Maravilha (2017)

Wonder Woman

Mesmo não sendo nenhuma maravilha (desculpem mas não resisti), Mulher-Maravilha é um filme de herói competente por conseguir equilibrar momentos de epicidade com outros mais leves e até engraçados, corrigindo a sisudez de outros filmes do universo cinemático da DC Comics.

Diana (Gal Gadot) vivia em paz em Themyscira, a ilha escondida e mítica habitada pelas amazonas, quando a queda do avião pilotado por Steve Trevor (Chris Pine) coloca a heroína em uma missão para acabar com a Segunda Guerra Mundial. A mistura da fantasia com a realidade histórica sempre enriquece as estórias, seja por propor uma realidade alternativa seja por explicar eventos reais nebulosos com elementos ficcionais. Por outro lado, o cinema pipoca tende a simplificar excessivamente os acontecimentos, normalmente ilustrando os norte-americanos como nobres justiceiros defensores da liberdade e todos os outros como vilões cruéis e insensíveis. Mulher-Maravilha não é exceção, já que na obra Diana acaba com a guerra por meio da morte do deus da guerra

Ares, ignorando totalmente as bombas nucleares usadas pelos Estados Unidos que realmente puseram um fim definitivo ao conflito.

Ao olharmos para o filme esquecendo da história (digamos que seja mesmo uma realidade alternativa), temos uma aventura divertida, embora sofra de alguns vícios irritantes como excesso de cenas em câmera lenta, um roteiro que não faz muito sentido (o plano de Ares não tinha lógica e para que ele precisava de Diana?) e os excessos concentrados principalmente no último ato, já tradicional nos filmes de heróis contemporâneos que tendem a não revelar seus poderes até o final do filme, com o único intuito de surpreender (oh!) a audiência.

Mesmo com problemas, Mulher-Maravilha é simpático e principalmente não se leva tão a sério como outras porcarias da Warner/DC (Esquadrão Suicida, Batman vs Superman); nos traz ainda uma mais do que justa homenagem à obra que consolidou o formato dos filmes de super-heróis que vemos atualmente: a cena em que Diana salva Steve de uma bala é, com os gêneros invertidos, semelhante à cena em que Clark Kent salva Lois Lane em Superman: O Filme de 1978.

Nota: 3/5

08/09/2017

Nunca Diga Seu Nome (2017)

The Bye Bye Man

Diga seu nome, apenas pense o seu nome e ele virá. Essa é a premissa de Nunca Diga Seu Nome e falar, mesmo que mentalmente, o nome Bye Bye Man invocará a entidade que não descansará enquanto a pessoa que o chamou não estiver morta.

Mesmo não sendo muito original (não há como não lembrar de Candyman), Nunca Diga Seu Nome mantém o interesse investindo em um horror mais psicológico do que explícito na maior parte do tempo - os sonhos com o trem e os protagonistas nus nos trilhos, assim como as moedas que remetem ao barqueiro Caronte são bons exemplos. A obra evita os sustos fáceis e a diretora Stacy Title até parece brincar com isso, pois há vários momentos em que o sobressalto parecia iminente mas é evitado. No seu último ato, depois que o protagonista Elliot (Douglas Smith) entende a natureza dos eventos que tem vivenciado, Nunca Diga Seu Nome cai na tentação de tornar o personagem um idiota, agindo da forma oposta do que deveria e do que ele mesmo pregava, tudo para facilitar o desfecho da estória.

Nunca Diga Seu Nome não consegue manter em sua conclusão o bom ritmo de sua primeira metade, acelerando e manipulando os acontecimentos provavelmente como o intuito de permitir o final aberto, que permite continuações. Descontando-se isso e os absurdos comuns nesse tipo de filmes - qual o tamanho da casa em que os protagonistas vivem? ela parece ser muito maior por dentro do que por fora, como a cabana de A Morte do Demônio de 1981 - Nunca Diga Seu Nome é competente dentro do seu gênero.

Nota: 3/5

09/09/2017

O Afogamento (2016)

The Drowning

A bagunça que é o filme O Afogamento já começa em sua sinopse oficial, que diz que o psiquiatra Tom Seymour (Josh Charles) reencontra um antigo paciente e isso o levará a encarar o passado. Só que durante o filme Tom é chamado de psicólogo e psicanalista, nunca de psiquiatra (embora aparentemente ele possa receitar drogas aos pacientes), mas isso não é nada frente ao comportamento de Seymour, que age muito mais como detetive ou policial (ruim) do que como um profissional da saúde.

Na verdade nada funciona na obra e é necessário que acreditemos em coincidências milagrosas para que as coisas tenham um mínimo de lógica. Essa falta de fluência atinge até os afogamentos, que no filme estão relacionados à grandes eventos ou mudanças na vida de Tom Seymour, mas a forma que eles acontecem revelam a artificialidade e falta de cuidado do roteiro.

Com uma estória mal amarrada e estética de seriado

mediano, O Afogamento nos faz desejar que o jovem delinquente Danny Miller (Avan Jogia) não fosse salvo das águas no início do filme, não pelo motivo do personagem ser mal construído e mal interpretado, mas para impedir o desenvolvimento da estória e nos poupar de perder uma hora e meia.

Nota: 2/5

10/09/2017

Neve Negra (2017)

Nieve negra

O onipresente (no cinema argentino) ator Ricardo Darín brilha em Neve Negra como Salvador, um personagem com um passado misterioso interpretado com nuances que enriquecem e dão sentido a obra.

Por conta da morte do pai, Marcos (Leonardo Sbaraglia) juntamente com sua esposa grávida Laura (Laia Costa) vão até a antiga propriedade da família, localizada em uma área isolada da Patagônia, onde mora Salvador (Ricardo Darín), irmão de Marcos. A visita tem dois objetivos: enterrar as cinzas do pai junto à cova de Juan (Iván Luengo), irmão mais novo da família morto acidentalmente em uma caçada, e tentar convencer Salvador a vender a propriedade, que recebeu uma proposta milionária de compra por uma mineradora canadense.

Em Neve Negra nada é o que parece e há motivos obscuros para os comportamentos de Marcos e Salvador. A obra acerta ao ser econômica com Salvador, que tem relativamente pouco tempo na tela, permitindo que não o conheçamos por completo e isso é fundamental para manter o segredo que assombra a família. Mesmo essa pouca exposição não tira de Ricardo Darín o protagonismo e ele é sem dúvida o destaque do filme.

A grande surpresa final de Neve Negra é fácil de se adivinhar com bastante antecedência, porém como as coisas aconteceram e suas motivações são surpreendentes, de forma que o passado se encaixa perfeitamente ao presente dos personagens. O título, Neve Negra, revela muito da temática do filme, onde o que é bom na verdade é mau (e vice-versa) e o que parecia uma família feliz imaculada aos poucos vai tendo a sua verdadeira face, obscura, revelada, mostrando que as pessoas mais perigosas são as que afirmam ter sempre as suas atitudes motivadas pelas melhores das intenções.

Nota: 4/5

11/09/2017

It: A Coisa (2017)

It

It: A Coisa é eletrizante como um passeio em um trem fantasma, onde cada susto dá satisfação e gera alívio depois de terminada a tensão. Por trás de uma obra extremamente bem feita e divertida, é possível enxergar elementos muito mais assustadores do que o palhaço Pennywise.

A pequena Derry, no Maine, guarda um segredo aterrorizante por trás de suas estatísticas anormalmente elevadas de desaparecimentos: a cidade é lar de uma criatura, normalmente travestida de palhaço, que captura e devora pessoas, especialmente crianças, assumindo a forma dos mais obscuros medos guardados nas mentes de suas vítimas. Baseado no livro homônimo de Stephen King, It: A Coisa consegue transpor para a tela o clima de pavor e união das crianças que enfrentam Pennywise (Bill Skarsgård), adaptando e atualizando a primeira parte da estória, com os personagens ainda pré-adolescentes, de forma correta (o livro passava-se em 1959, o filme em 1989). Há belas cenas, como logo no inicio o garoto correndo atrás do barquinho de papel em plano plongê, e as assustadoras, como o palhaço saindo da tela durante uma projeção de slides e atacando as crianças - essa especialmente é interessante pela metalinguagem envolvida, já que nos faz temer se Pennywise não sairia da tela do cinema para nos devorar.

Mas o verdadeiro pavor causado por It: A Coisa não vem do monstro, mas das pessoas, e Pennywise apenas reflete a crueldade existente em cada uma delas, inclusive as crianças. O que dizer de um bullie que atormenta as crianças menores a ponto de escrever o seu nome com um canivete na pele da vítima? Ou do pai que se insinua sexualmente para a filha, chegando quase ao ponto de abusá-la?

Além disso temos o principal signo que se esconde na lenda do monstro devorador, insinuado pelo ciclo de

Pennywise, que aparece de 27 em 27 anos, bem próximo do tempo que se costuma definir como uma geração, 25 anos. Na obra vemos que as crianças são ignoradas, criadas de forma negligente, como se elas fossem indesejadas. Pennywise seria então, com a conivência dos adultos, o responsável por eliminar a prole inconveniente, executando um aborto tardio, aborto esse que não foi feito no período gestacional por pressão religiosa, familiar ou falta de coragem. Será Pennywise um demônio traiçoeiro ou apenas um executor dos desejos inconfessáveis das pessoas de bem?

Nota: 4/5

12/09/2017

O Rio da Aventura (1952)

The Big Sky

O Rio da Aventura é um faroeste leve, focado mais na aventura e menos nos conflitos e na violência, com personagens bem-humorados que quase gritam o quanto estão se divertindo, ao estilo do diretor Howard Hawks.

Diferente de outros filmes do gênero, que geralmente mostram vinganças e disputas de terras, O Rio da Aventura trata da competição por uma rota comercial pelo Rio Missouri, com o objetivo final de alcançar e comercializar com os índios Blackfeet (Pés negros). A abordagem do relacionamento com os índios também é mais moderna, com alguns personagens (normalmente os vilões) os menosprezando mas com vários outros os exaltando - um dos heróis do filme, Boone Caudill (Dewey Martin), tem como principal arco dramático a transformação da percepção que ele tem pelos nativos americanos.

Boone talvez represente a mudança na forma como o cinema americano encara os habitantes originais da

América do Norte, ideia essa diluída em uma aventura divertidíssima. Sem O Rio da Aventura talvez não existissem filmes como Dança com Lobos ou sua versão espacial, Avatar.

Nota: 4/5

13/09/2017

O Rei Leão (1994)

The Lion King

O Rei Leão já captura a plateia desde a sua abertura apoteótica, em um crescente de beleza e emoção que faz com que a cena faça parte, desde a época da sua criação, da história do cinema.

Recuperado o fôlego depois do início arrebatador, seguimos a estória de Simba (voz de Matthew Broderick), herdeiro do trono real que se envolverá em uma trama de assassinato, usurpação e vingança, protagonizada por ele mesmo, seu pai o rei Mufasa (voz de James Earl Jones) e seu tio Scar (Jeremy Irons). O Rei Leão pode ser considerado uma versão suavizada e com final feliz de Hamlet, de William Shakespeare, já que muitos de seus elementos são oriundos da peça do famoso dramaturgo inglês: a família real, o desejo do tio de tomar o trono, a morte do pai, os fantasmas dos antepassados. O brilho da animação, o carisma dos personagens e o talento dos dubladores são embalados com canções deliciosas de Elton John e a trilha instrumental evocativa de Hans Zimmer. A execução é perfeita e tudo funciona tão bem que é quase impossível não envolver-se com a jornada do herói de Simba na busca do seu verdadeiro lugar no mundo.

O Rei Leão foca na emoção, mirando e acertando em cheio o coração da audiência, tocando em temas universais como perda, vocação, amor e reencontro. É a animação mais lucrativa de todos os tempos da Disney, com um custo estimado de US$45.000.000,00 e ganhos diretos de mais de US$400.000.000,00 somente até janeiro de 2012, gerando inúmeros filhotes como sequências lançadas em home video, séries animadas, musicais na Broadway e uma nova versão em live action, ainda em produção.

Nota: 5/5

14/09/2017

Círculo de Fogo (2013)

Pacific Rim

Círculo de Fogo funciona como um verdadeiro quarto de brinquedos, cheio de action figures (os famosos bonequinhos) de heróis e monstros, montado para o diretor Guillermo del Toro brincar. É difícil desassociar essa ideia do filme e isso talvez limite o seu público, mas é inegável que todos que já brincaram de batalhas monumentais com suas figuras de plástico irão se divertir com Círculo de Fogo.

Criaturas descomunais e monstruosas chamadas de kaiju surgem do oceano e passam a ameaçar a humanidade. Por conta disso, robôs gigantes chamados de jaegers são criados para combater os kaiju, sempre pilotados por ao menos dois pilotos ligados por uma conexão neurológica.

A obra é uma leitura contemporânea e ocidentalizada, embora faça várias referências ao oriente, dos chamados tokusatsu - os filmes de efeitos especiais japoneses - que normalmente tratavam de criaturas espaciais e monstros combatidos pelos humanos. Ao tentar ser fiel à sua fonte inspiradora, utilizando robôs gigantes para combater os kaiju, ao mesmo tempo que tenta explicar a tecnologia por detrás das máquinas humanoides, Círculo de Fogo segue uma lógica difícil de ser defendida: para que dois pilotos e ainda com as mentes interligadas, por que o piloto machuca-se de verdade quando o robô é atingido, se os pilotos estão com as mentes conectadas por que conversam tanto, qual a utilidade dos pilotos andarem de verdade e se esgotarem fisicamente para movimentar o robô, entre outras armadilhas criadas pelas soluções técnicas inventadas pelo roteiro do filme.

Os personagens do filme são carismáticos - destaque para Idris Elba como o Marechal Stacker Pentecost e para o sempre ótimo Ron Perlman como Hannibal Chau - mas totalmente unidimensionais e é difícil sentir alguma coisa por eles, o que nos leva de volta ao início desse texto: para se apreciar Círculo de Fogo devemos esquecer tudo isso e encará-lo como uma grande brincadeira de bonequinhos levada a seu grau máximo, dirigida de forma tecnicamente impecável por Guillermo del Toro e embalada com o tema musical envolvente e pegajoso (no bom sentido) de Ramin Djawadi (o mesmo de Game of Thrones). Se você era uma criança que vibrava ao ver Ultraman salvando Tóquio, por que não dar uma chance a Círculo de Fogo?

Nota: 3/5

15/09/2017

A Cabana (2017)

The Shack

A Cabana é uma peça de pregação cristã disfarçada de filme, que apela para o sentimentalismo barato, filosofia de botequim e a lógica distorcida típica das religiões para provar os seus pontos.

Mack Phillips (Sam Worthington) é um homem que, mesmo marcado pela infância sofrida tendo um pai alcóolatra e violento, consegue formar uma família feliz até que a filha Missy (Amelie Eve) é sequestrada e morta. Acometido por uma grave depressão causada pelo estresse pós-traumático, Mack não recebe a visita de um terapeuta ou psicólogo mas uma carta assinada por deus (Papa para os íntimos) o convidando a retornar à cabana onde as roupas de sua filha foram encontradas - o corpo desapareceu. Chegando lá, encontra a santíssima trindade: deus ou Papa (Octavia Spencer), Jesus (Avraham Aviv Alush) e o espírito santo ou Sarayu (Sumire Matsubara). A escalação dos atores para viverem a tríade é de longe o maior acerto do filme, com Jesus sendo interpretado por um ator com traços do Oriente Médio e deus como uma mulher negra. Porém nem isso a obra tem a coragem de manter até o final e chega um momento em que deus aparece como um homem, sem barba mas com uma certa idade, com a justificativa que os eventos que viriam a seguir necessitavam de um pai. A lógica seguida pelas entidades é bastante coerente com a lógica comumente utilizada pelas religiões, ou seja, ela não faz o menor sentido e bobagens como "você é especial" são repetidas a cada momento - se todos são especiais então ninguém é realmente especial, isso é elementar.

Entendo que algumas pessoas podem até cair na armadilha de A Cabana e emocionar-se por projeção ou pelo sentimentalismo piegas, mas nada disso pode esconder a verdadeira natureza da obra: uma peça de propaganda cujo único objetivo é arrebanhar mais ovelhas, que ao entrar no rebanho eventualmente serão tosquiadas e até mesmo devoradas.

Nota: 2/5

16/09/2017

11 Minutos (2015)

11 minut

11 Minutos se passa em Varsóvia, mostrando diversas estórias paralelas que irão se encontrar - ou melhor, se colidir - na conclusão da narrativa.

A abertura é inteligente ao introduzir alguns dos arcos narrativos exibindo-os em preto e branco e em quadros pequenos, como uma imagem de celular, sugerindo que aquilo sendo mostrado é apenas uma fração do que realmente está por trás daquelas cenas. Infelizmente o que se segue é arrastado e enfadonho, com as estórias sendo intercaladas de forma incômoda, pois quando uma das narrativas está ficando interessante ela é cortada para dar espaço a outras três ou quatro, em uma quebra de ritmo que acaba tornando a obra sonolenta. Outro problema é a demora para a introdução do mistério do ponto escuro no céu, que é uma ideia que poderia ser melhor explorada para unir as narrativas mas só é desenvolvida - e muito mal desenvolvida - no último terço do filme.

Na conclusão todas as estórias se unem, mas o que desencadeia os eventos finais é pouco verossímil, quase cômico. Talvez a ideia tenha sido mostrar que um ato relativamente pequeno pode desencadear efeitos numerosos e imprevisíveis, mais ou menos como o conto Um Som de Trovão mas sem a genialidade do escritor Ray Bradbury. Embora bem realizado, 11 Minutos é uma decepção.

Nota: 2/5

17/09/2017

A Morte Cansada (1921)

Der müde Tod

A Morte Cansada de Fritz Lang é mais um exemplar do rico cinema expressionista alemão, influência permanente na arte cinematográfica e frequentemente citado como um dos filmes preferidos de Alfred Hitchcock.

Após perder o noivo, uma jovem mulher (Li Dagover) encontra a Morte (Bernhard Goetzke) para implorar pelo retorno do amado. Cansada do seu trabalho a Morte conta para a mulher três estórias, passadas em tempos e lugares diversos mas semelhantes à sua, onde o amor não foi suficiente para impedir a ceifadora de executar sua função. Aliado à narrativa de apelo universal, A Morte Cansada nos brinda com uma atmosfera fantasmagórica única e com personagens propositadamente caricatos - o que acaba trazendo até um certo alívio cômico ao filme - que intensificam a natureza fabulesca da obra. A atenção aos detalhes é outro destaque e nada do que se vê em cena é desnecessário ou supérfluo, premiando aos espectadores mais atentos como no caso do bebê que aparece rapidamente nas mãos da morte e some em seguida - somente perto do final é dito que um bebê quase morreu durante o parto mas sobreviveu.

Filme seminal não só na narrativa e estética - Luis Buñuel dizia que após assistir A Morte Cansada descobriu o que queria da vida: fazer filmes! - mas também nos efeitos visuais - o ator Douglas Fairbanks comprou os direitos de exibição do filme nos Estados Unidos mas atrasou o lançamento a fim de copiar os efeitos especiais para o filme estrelado por ele próprio O Ladrão de Bagdad - A Morte Cansada tem também uma mensagem final agridoce: o amor só vence a morte rendendo-se a ela.

Nota: 5/5

18/09/2017

Jackie Brown (1997)

Jackie Brown

Jackie Brown é o filme de Quentin Tarantino com menos cara de filme de Tarantino, provavelmente por ser a sua única obra que não foi escrita por ele mesmo - é uma adaptação do livro de Elmore Leonard. Não se encontra em Jackie Brown a violência extrema beirando a caricatura cômica - aqui ela não é explícita, chegando até a ser discreta ao se levar em conta a natureza da trama - e nem os diálogos nonsense e ao mesmo tempo geniais típicos do diretor.

Mas uma característica dos filmes de Quentin podemos encontrar: os personagens fascinantes que passam a impressão de que qualquer um deles, mesmo os secundários, poderiam facilmente protagonizar sozinhos uma estória, desde Jackie Brown (Pam Grier), a aeromoça que contrabandeia dinheiro entre o México e os Estados Unidos até Ordell Robbie (Samuel L. Jackson), o traficante de armas para quem ela trabalha passando pelo investigador Ray Nicolette (Michael Keaton) e o agente de condicional Max Cherry (Robert Forster). E são os personagens que sustentam a obra, que é mais longa do que o necessário e tem problemas de ritmo em seu miolo. Mesmo o final, onde as coisas se aceleram, acaba se tornando um anticlímax com uma solução fácil e rápida demais.

Longe de ser o melhor filme de Tarantino, ainda assim Jackie Brown é um bom filme que apresenta por detrás de seu arco principal algumas mensagens interessantes, como o aparente desejo do bandido negro Ordell de ser aceito no mundo dos brancos - a sua namorada branca Melanie (Bridget Fonda) é a mais estimada dentre as outras, negras, por exemplo - em oposição à heroína Jackie Brown que demonstra orgulho de sua raça - notem a decoração do apartamento de Jackie, com quadros e pôsteres de negros além de sua banda predileta, The Delfonics. Mesmo com uma filmografia relativamente pequena, Tarantino pode se orgulhar e até causar inveja ao constatarmos que Jackie Brown é o seu "pior" filme.

Nota: 3/5

19/09/2017

E.T. - O Extraterrestre (1982)

E.T. the Extra-Terrestrial

Alguns podem achar E.T. piegas, outros podem alegar que é infantilizado e anti-ciência, mas independentes das opiniões, que até podem ter certa razão, é impossível não vermos em E.T. o cuidado da produção, a engenhosidade das soluções e a carga emocional transmitida pela obra que envolve a audiência.

Começando pelo design do alien acidentalmente deixado na Terra por seus confrades e encontrado pelo garoto Elliott (Henry Thomas): criado pelo artista Carlo Rambaldi E.T. foi desenhado de forma a estabelecer simpatia instantânea. A sua face foi feita através da combinação de fotos de idosos e de figuras presentes no imaginário coletivo como Albert Einstein e Ernest Hemingway, além do coração visível que remete às representações artísticas de Jesus Cristo. A câmera em E.T. está sempre baixa, na altura de uma criança, mostrando claramente que todo o filme é visto do ponto de vista dos pequenos - o próprio E.T. inclusive. Da mesma forma, com exceção de Mary (Dee Wallace), a mãe de Elliot, nenhum rosto de adulto é mostrado até o último ato, em uma estratégia de mostrar apenas as pernas e a cintura como nos desenhos de Tom & Jerry. O desenvolvimento da amizade entre E.T. e Elliot é orgânica e convincente, auxiliado pelo fato de Elliot projetar em E.T. o seu abandono e solidão por conta da recente separação dos seus pais.

Todas essas qualidades fariam de E.T. um bom filme mas o que o eleva a outro patamar é a música do maestro John Williams, que é tão protagonista quanto Elliot ou a criatura alienígena. O próprio diretor Steven Spielberg reconhece isso - na verdade ele admite a importância da música de Williams não somente em E.T. mas em toda a sua filmografia. Tanto que a sequência final, com aproximadamente 20 minutos de perfeita sincronia entre ação e trilha sonora, foi montada tendo como base a música e não ao contrário como é o habitual. O climax dessa cena, quando E.T. faz as bicicletas voarem para evitar que os agentes do governo atirem nas crianças, é emocionante por conta da música e era muito comum, na época do lançamento de E.T., que todo o cinema aplaudisse esse momento em uma catarse coletiva - sei que não faz o menor sentido aplaudir o projecionista mas eu estava em um cinema em 1982 e vivi isso.

Com planos que fazem parte da história do cinema - quem não conhece a bicicleta voando com a lua ao fundo? - E.T. é um dos grandes filmes de todos os tempos a despeito da sua ingenuidade e pouca profundidade, mostrando que na arte a emoção normalmente supera a razão.

Nota: 5/5

20/09/2017

Bottom of the World (2017)

Bottom of the World

O problema de Bottom of the World é que o diretor Richard Sears não tem o talento necessário para imitar David Lynch, o que resulta em um filme pretencioso que tenta misturar o real com o irreal de forma confusa e insatisfatória.

A caminho de Los Angeles, Alex (Douglas Smith) e Scarlett (Jena Malone) param para descansar em uma pequena cidade, onde a moça desaparece misteriosamente. A partir desse momento, percebemos que os eventos que se passam no mundo físico e na mente do(s) personagem(s) se mesclam em uma trama que embora tente amarrar as pontas em sua conclusão, acaba não fazendo sentido. Para piorar, nem a estória e nem os protagonistas envolvem o público e ninguém se importa de verdade com o que acontecerá com eles, pois eles não têm profundidade alguma, não têm família, não têm história pregressa e nenhuma qualidade forte que possa gerar repulsa ou admiração. Sem falar das frases do filme, que vão desde as que tem uma lógica redundante apurada - "Agora, quando imaginamos coisas, começamos a criá-las na nossa mente" - às dignas de para-choques de caminhão - "Não existe o bem e o mal, só existe imperfeição". Tudo isso poderia ser aceitável se Bottom of the World apresentasse alguma característica artística interessante, mas nada se destaca e a obra é apenas mais uma no mar de produções que tentam disfarçar a falta de recursos e orçamento com roteiros mirabolantes.

Atualmente é relativamente fácil (em comparação ao passado recente) fazer e distribuir um filme, ao menos em plataformas digitais. Com essa facilidade naturalmente porcarias como Bottom of the World vão surgir, mas é sempre preferível ter opções, mesmo que incluindo obras ruins, do que não tê-las.

Afinal podemos aprender até com filmes abaixo da média, mesmo que como contraexemplo.

Nota: 1/5

21/09/2017

Team America: Detonando o Mundo (2004)

Team America: World Police

Team America, um grupo de elite norte-americano que combate o terrorismo, é uma obra dos criadores de South Park, Trey Parker e Matt Stone, o que é fácil de se constatar pelo seu humor exagerado e politicamente incorreto.

Feito com marionetes que lembram em muito os bonecos do seriado dos anos 60 Thunderbirds, Team America destrói as convenções dos filmes de ação, principalmente os dos anos 80. Através dessa estratégia critica de forma ácida a politica intervencionista norte-americana e seu autocentrismo egocêntrico mas sem poupar o outro lado, mostrando que também aqueles que não apoiam as ações militares e dizem buscar a paz ou são ingênuos ou também estão em busca de alguma forma de poder. Há os exageros típicos de Parker e Stone, como na cena em que Gary (voz de Trey Parker) vomita sem parar, mas há várias piadas mais sutis que podem passar despercebidas, como a legenda que localiza a ação, no Cairo, 5.621 milhas a oeste da América - como todos sabemos, a América (a forma como os norte-americanos chamam os Estados Unidos) é o centro do mundo.

Demonstrando sua inteligência desde a cena inicial, que mostra uma marionete sendo manipulada por uma... marionete!, Team America tem ainda uma faceta premonitória, já que o grande vilão do filme não são os terroristas islâmicos mas Kim Jong-il, falecido líder da Coreia do Norte que foi sucedido pelo seu filho Kim Jong-un, atual líder e principal ameaça à paz mundial nos dias de hoje. Ou pelo menos isso é o que querem que pensemos, pois não podemos descartar a hipótese de sermos todos marionetes.

Nota: 4/5

22/09/2017

Faça a Coisa Certa (1989)
Do the Right Thing

Em um dia com altas temperaturas e esquentando cada vez mais, as pessoas vivem as pequenas aflições do seu dia-a-dia no Brooklyn (Nova Iorque) de forma aparentemente inocente, mas da mesma forma que o clima as tensões e as animosidades vão tornando-se cada vez mais insuportáveis até tudo explodir em violência.

Em Faça a Coisa Certa o diretor Spike Lee demonstra como os atos de preconceito aparentemente inofensivos, até mesmo jocosos, acabam se somando de forma a causar destruição. A inteligência da obra começa pelo título, que faz uma afirmação que pode ate parecer simples mas é extremamente difícil de ser executada. A escolha do que é o certo é uma tarefa ingrata e dois personagens simbolizam isso: o chamado prefeito ou Da Mayor (Ossie Davis), um senhor pacifista e prestativo que simboliza os ideais de Martin Luther King e Buggin Out (Giancarlo Esposito), um jovem não necessariamente violento mas voluntarioso, representando os princípios pregados por Malcolm X. Da Mayor é visto como ultrapassado, um peso morto, como se as ideias de Luther King não funcionassem mais nos dias atuais, enquanto Buggin luta com mais vigor pelo espaço dos negros, de uma forma que talvez traga resultados mais rapidamente mas a um custo possivelmente mais alto. Essa dicotomia é mostrada de forma explícita nas mãos de Radio Raheem (Bill Nunn), que tem um anel (ou soco inglês) em cada mão com as palavras love (amor) na mão direita e hate (ódio) na esquerda - é interessante notar que essa ideia foi tirada do filme Mensageiro do Diabo de 1955, que também tratava de ódio e intolerância.

Ao final de Faça a Coisa Certa é impossível dizer com certeza quem iniciou os eventos que resultam em tragédia, além de mostrar que a cultura racista só produz perdedores dos dois lados. Essa é a força do filme de Spike Lee, não simplificar uma questão complexa como o preconceito evitando dar respostas, pelo contrário, formulando mais perguntas.

Nota: 5/5

23/09/2017

A Garota no Trem (2016)

The Girl on the Train

A Garota no Trem têm coincidências demais, reviravoltas pouco convincentes e uma estrutura de flashbacks e lapsos de memória feita com o único intuito de criar suspense artificialmente.

Rachel (Emily Blunt) tem problemas com o alcoolismo e é divorciada, mas continua perseguindo o ex-marido Tom (Justin Theroux) e sua nova família, viajando o dia todo de trem e bisbilhotando a vida das pessoas que moram nas casas próximas a via férrea. Não contente com o seu passatempo voyeur, passa a intrometer-se na vida dessas pessoas e a obra tenta a todo custo, a partir de certo ponto da estória, nos convencer de que Rachel é uma vítima e a potencial redentora de todos que a cercam. Os acasos do filme irritam, tanto que há um momento em que a detetive Riley (Allison Janney), ao investigar o assassinato de determinado personagem, questiona Rachel sobre a probabilidade ínfima de ela estar parada em certo lugar no momento exato. Temos ainda a conveniente amnésia de Rachel causada pela bebida, já que a principal testemunha do evento chave da trama lembra apenas alguns fragmentos desconexos do ocorrido, facilitando em muito o trabalho dos roteiristas em criar algum suspense.

A única coisa que faz com que A Garota no Trem não seja insuportável é a interpretação dos atores com destaque para Emily Blunt, que consegue dar sutileza à sua personagem alcoólatra evitando a caricatura. Descontando-se isso, A Garota no Trem é uma aborrecida perda de tempo.

Nota: 2/5

24/09/2017

Caçada Humana (1966)

The Chase

Caçada Humana demora um pouco a engrenar, gastando toda a sua primeira metade explorando e nos permitindo conhecer os seus diversos personagens. A espera no entanto vale a pena e a obra comprova, através dos eventos e das atitudes das pessoas da pequena cidade do Texas, que a modernidade, civilidade, respeito às outras pessoas e às leis são conceitos que estão muito longe de serem universais.

O criminoso fugitivo Bubber Reeves (Robert Redford) escapa da prisão e está disposto a voltar à sua cidade natal, onde o xerife Calder (Marlon Brando) tentará recapturá-lo para cumprir a lei e ao mesmo tempo proteger Bubber da fúria dos cidadãos. A trama é apenas um pano de fundo para tocar em temas espinhosos como o preconceito racial, as elites que tratam a sociedade como uma extensão de seus negócios e interesses e principalmente o sadismo da maioria da população, que deseja fazer a justiça pelas próprias mãos não como um meio de cumprir a lei de mais efetivamente mas como uma forma de obter prazer ao fazer parte de um espetáculo grotesco de violência e morte.

A sociedade retratada por Caçada Humana é carente de ética, totalmente sem rumo e hipócrita, com casamentos de aparência - a obra grita para a audiência que o matrimônio é uma instituição falida - e total descrença e falta de respeito com a justiça e as autoridades. Para esses adultos que se comportam como adolescentes, pouco importam as leis ou a verdade, mas apenas a satisfação de impor a sua opinião distorcida sobre o mundo.

No seu ato final, Caçada Humana remete às hordas que caçavam o monstro de Frankenstein ou aos romanos vibrando com a morte dos gladiadores no coliseu. Roma era com certeza mais civilizada do que a cidadezinha do xerife Calder, já que lá o sangue era derramado ao menos com um certo método e organização.

Nota: 4/5

25/09/2017

Arizona Nunca Mais (1987)

Raising Arizona

Um ex-detento e uma ex-policial se casam e não conseguem ter filhos, o que os leva a uma ideia brilhante: roubar um bebê de uma família de quíntuplos, afinal de contas os pais verdadeiros não sentiriam a falta de um dos filhos no meio de tantos outros. Pelo breve resumo já é possível presumir o que esperar de Arizona Nunca Mais, uma comédia maluca e com vários acontecimentos que não fazem sentido, mas que encanta pelos seus personagens delinquentes e estúpidos mas ao mesmo tempo infantilizados - o desejo de ter um filho é uma clara busca pelo amadurecimento, a necessidade de se tornar adulto - a ponto de não apresentarem traços de maldade.

A obra é uma dos primeiros filmes dos irmãos Joel e Ethan Coen (é o segundo longa-metragem deles) e já apresenta elementos que serão refinados ao longo da filmografia dos cineastas, como os criminosos idiotas e o humor peculiar que consegue tornar engraçadas mortes e assassinatos. Há excessos e a desconexão do filme com a realidade é exagerada, o que acaba destruindo a imersão da plateia em alguns momentos. Podemos apontar o motoqueiro e assassino Leonard Smalls (Randall 'Tex' Cobb) como o maior desses exageros, e embora ele possa ser visto como uma metáfora da culpa do protagonista H.I. McDunnough (Nicolas Cage), poderia ter sido composto de forma mais sutil.

Mesmo não sendo o melhor dos Coen, Arizona Nunca Mais é divertido e pode ser considerado um bom filme, já com todas as características de Joel e Ethan, ainda que não amadurecidas.

Nota: 3/5

26/09/2017

Malditos (1962)

The Damned

Malditos (também conhecido como Os Malditos e em inglês como These Are the Damned) é uma trama assustadora sobre os efeitos da utilização da energia nuclear para fins não pacíficos, apresentando porém uma grande falha estrutural: demora muito a começar a contar de fato a estória principal, perdendo tempo com arcos paralelos e personagens secundários que pouco importam e perdendo o foco do que realmente interessa na obra.

O turista americano Simon Wells (Macdonald Carey) em férias no Reino Unido fica preso em uma instalação secreta do governo onde crianças são mantidas cativas. Ao assistir Malditos, nota-se que o que está descrito nessa pequena sinopse começa de fato a ocorrer com quase uma hora de projeção, nos levando até a duvidar se estamos vendo o filme correto. Toda a primeira metade de Malditos não aborda sua trama principal, a não ser com alguns poucos diálogos que nos levam a crer que há algo de estranho nas instalações do governo localizadas na cidade onde se passa o filme. Há personagens que não tem razão de existir, como a escultora Freya (Viveca Lindfors) sem função relevante na trama, embora as esculturas atribuídas à personagem (na verdade são obras da escultora Elisabeth Frink) sejam belíssimas e invoquem a morte, o que combina bem com a atmosfera de Malditos.

Apesar dos defeitos, Malditos expõe o temor, em seu auge nos anos 60, por uma guerra nuclear que dizimaria o planeta. Ao utilizar crianças radioativas para demonstrar esse horror, acaba até com a esperança de alguns que poderiam enxergar o extermínio de boa parte da raça humana como uma oportunidade de um recomeço mais virtuoso. Esse reinício da humanidade, se fosse viável de alguma forma, não significaria um renascimento do homem mas o surgimento de alguma outra coisa.

Nota: 3/5

27/09/2017

Shrek (2001)

Shrek

As animações, acostumadas com tramas mais tradicionais e normalmente carregadas com alguma lição a ser aprendida, tomaram uma lufada de ar fresco com Shrek, que trouxe um roteiro que desconstrói os contos de fadas, músicas pop integradas a estória e, por que não, uma pequena "moral" que não é exaustivamente explicada e está organicamente (literalmente) integrada aos personagens principais.

Para não ser injusto, em 2000 (1 ano antes de Shrek da Dreamworks) a Disney lançou A Nova Onda do Imperador, que já flertava com algum rompimento com as tradições dos desenhos animados dos grandes estúdios, porém muito mais timidamente do que Shrek. A estória do ogro que acaba involuntariamente se tornando herói brinca com vários personagens dos mais diversos reinos encantados com piadas inspiradas e de apelo universal, já que os personagens apresentados são conhecidos por todos, ou pelo menos por todos que se dispõe a assistir um filme como Shrek. O ritmo é impecável e os atores que dão voz aos personagens brilham, com destaque para Eddie Murphy como o Burro - talvez pelo número de palavras que ele fala por segundo.

Shrek é quase como A Bela e a Fera com tudo invertido: a besta é uma mulher e a sua versão fera é humana (repare bem, os humanos é que são os monstros estranhos em Shrek). Mostrando com bom humor que a aparência não importa, os padrões de beleza são tolices inventadas por pessoas mal intencionadas e a princesa não precisa ser salva por ninguém (coisa que a Disney só faria anos depois), Shrek é mais instrutivo do que a maioria das coisas que se gabam por transmitir uma mensagem edificante.

Nota: 4/5

28/09/2017

The Discovery (2017)

The Discovery

The Discovery trata da maior descoberta da história da humanidade: a prova científica de que a morte não é o fim da consciência.

A obra começa bem explorando as consequências da descoberta do cientista Thomas (Robert Redford), como o aumento explosivo do número de suicídios - afinal, ao saber que a morte não é o fim, acabar com a própria vida se torna a fuga mais fácil para qualquer problema, até mesmo os banais - e até possíveis questionamentos jurídicos quanto à gravidade do crime de assassinato, já que ao matar alguém o criminoso não estaria dando fim à existência daquele indivíduo. A partir de um certo ponto, o filme passa seu foco para o filho de Thomas, Will (Jason Segel) e sua mal resolvida relação com o pai. Essa mudança de eixo é prejudicial a The Discovery; Will é enfadonho e suas motivações são confusas - ele ajuda a pesquisa do pai mas ao mesmo tempo parece querer sabotá-la. O comportamento de Will é de certa forma explicado pela grande reviravolta final, que evitarei comentar para não arruinar a experiência de quem ainda não viu o filme. Mas na verdade a conclusão do filme acaba mudando o problema de lugar, que deixa de ser o personagem Will e passa a ser a surpresa final propriamente dita, que é um pouco confusa e é explicada muito rapidamente - como comparativo, lembra um pouco A Origem de 2010, com a diferença que A Origem passa metade da projeção explicando a sua mecânica enquanto que aqui temos de digerir tudo nos últimos 5 minutos.

Mesmo não sendo um grande filme, o tema de The Discovery é fascinante e mesmo raspar apenas a superfície das consequências da descoberta já é o bastante para alimentar boas reflexões. Ao termos a certeza de que a morte não é o fim, passamos a desvalorizar a vida, fornecendo um botão de reset a qualquer um que esteja minimamente descontente. A grande ironia é que provar cientificamente algo que até então era apenas uma fantasia ou um dogma transformou toda a humanidade em um bando de fanáticos religiosos. Para quem acredita em Deus (não é o meu caso) esses são excelentes argumentos sobre o por quê Dele não se revelar explicitamente aos homens.

Nota: 3/5

29/09/2017

Tragam-me a Cabeça de Alfredo Garcia (1974)

Bring Me the Head of Alfredo Garcia

A filha de um poderoso fazendeiro mexicano engravida de Alfredo Garcia, o que leva o latifundiário a oferecer a recompensa de US$1.000.000,00 pela cabeça de Garcia. Ao pronunciar a todos "Tragam-me a Cabeça de Alfredo Garcia", uma verdadeira caça ao tesouro tem início e Alfredo Garcia deixa de ser um ser humano para se tornar apenas uma nota promissória.

Toda a estória vai girar em torno de um dos homens que buscam o bilhete premiado, o pianista Bennie (Warren Oates), acompanhado de sua namorada a prostituta Elita (Isela Vega). Inicialmente Bennie enxerga a busca como algo fácil e descomplicado, já que ele descobriu que Garcia está morto - a tarefa do pianista é desenterrar o corpo, cortar e pegar a cabeça. Mas logo a viagem de lua-de-mel de Bennie e Elita vai tornando-se mais e mais violenta e para conseguir o prêmio de um milhão muitos corpos serão deixados pelo caminho.

O binômio violência e religião é invocado várias vezes durante a obra, com morte e agressões ocorrendo durante serviços religiosos e em cemitérios católicos. A hipocrisia é mostrada sem disfarces, como por exemplo o fazendeiro decretando a sentença de morte de Alfredo Garcia durante uma missa e a família de Garcia armada até os dentes e disposta a matar qualquer um para pegar de volta a cabeça do parente. Mas o arco do protagonista Bennie é o que mais impacta em Tragam-me a Cabeça de Alfredo Garcia: ele começa com uma atitude cheia de malandragem que beira a inocência e aos poucos vai tendo que se adaptar ao mundo violento em que está inserido. Na cena em que ele é enterrado e sai da cova, é como se o Bennie mais puro tivesse morrido e um muito pior e pragmático ressurgisse, assim como a cabeça apodrecida de Garcia, sempre com moscas em volta, que pode ser vista como uma metáfora da degradação da alma de Bennie.

Tragam-me a Cabeça de Alfredo Garcia traz a toda a violência característica do diretor Sam Peckinpah, que acredita que essa brutalidade extrema é a mais precisa tradução do mundo em que vivemos. É triste, mas é difícil discordar de Peckinpah.

Nota: 4/5

30/09/2017

Os Abutres Têm Fome (1970)

Two Mules for Sister Sara

Ao salvar a freira Sara (Shirley MacLaine) das mãos de malfeitores, Hogan (Clint Eastwood) parte com a religiosa em uma missão para capturar um forte francês que está oprimindo o povo mexicano.

Esse divertido e inusitado faroeste é fortemente baseado na relação entre o pistoleiro Hogan e a Irmã Sara, que mostram-se complementares em suas aventuras. Há outros elementos que tornam a estória ainda mais interessante: a evidente tensão sexual entre os dois protagonistas e a dúvida sobre a verdadeira natureza de Sara, cujo comportamento muitas vezes não corresponde a de uma noiva de Cristo. Evitando revelar demais, a dualidade encontrada na personalidade de Sara, navegando entre a pureza e a devassidão, acaba resultando no equilíbrio feminino tão exaltado em versos e canções: nem santa nem prostituta.

O ritmo e o carisma dos personagens, além da bela trilha sonora do sempre estupendo Ennio Morricone, fazem com que não percebamos o tempo passando quando assistimos Os Abutres Têm Fome. Até a conclusão feliz e de certa forma inocente nos convence porque acreditamos que Hogan e Sara merecem uma vida melhor. Mesmo porque o final combina perfeitamente com o estilo leve da obra, que está muito mais preocupada com o arco fabulesco de redenção do casal central do que com a realidade.

Nota: 4/5

01/10/2017

Teseu e o Minotauro (1960)
Teseo contro il minotauro

Teseu e o Minotauro é um exemplar do sub-gênero do cinema italiano chamado de neo-mitologia ou peplum, filmes de aventura capa-e-espada ambientados na antiguidade, usando como base estórias bíblicas ou mitológicas. São filmes divertidos até hoje, embora suas características caricatas acabem entretendo mais do que sua trama ou suas cenas cheias de lutas e correrias.

Contando o mito de Teseu, o minotauro e as intrigas palacianas da ilha de Creta, a obra não tem receio em ser exagerada, carregando nas cores do figurino - o cinema colorido, mesmo não sendo mais uma grande novidade em 1960, ainda chamava a atenção para o público ao qual se destinava Teseu e o Minotauro - e nas roupas das mulheres, todas vestindo micro saias. A mitologia só é seguida fielmente quando convém ao roteiro, muitas cenas de ação são pouco convincentes e as interpretações são exageradas; tudo isso não nos impede de apreciarmos o filme, que pode ser bem divertido se não for levado muito a sério.

Nos minutos finais de Teseu e o Minotauro o estilo kitsch é coroado pela revelação da aparência do monstro, que é realmente estarrecedora - não vou descrevê-la para não estragar a "surpresa". Ao encararmos a criatura, acredito que apenas duas coisas podem ocorrer ao espectador: um sorriso no rosto dos que divertiram-se com a obra sem levá-la a sério ou um sentimento de raiva, no caso de quem viu Teseu e o Minotauro esperando uma sóbria interpretação do mito grego. Sugiro assumir a primeira reação desde a abertura do filme.

Nota: 3/5

02/10/2017

Mãe! (2017)

Mother!

Pode-se não gostar dos filmes de Darren Aronofsky mas é impossível ficar indiferente a eles. Mãe! não é exceção e assisti-lo é uma experiência intensa, visceral, até desagradável em alguns pontos. Durante a projeção há momentos em que você odeia Mãe!, mas acabado o filme quanto mais você pensa nele mais você o admira.

A direção de Aronofsky é de tal forma competente que todo o desconforto sentido por Mãe (Jennifer Lawrence) é compartilhado pela plateia, em cenas sufocantes com closes fechados de forma claustrofóbica, intensificando o sentimento de angústia. A estória do casal que tem a sua pacata vida atormentada por estranhos, e cada vez mais numerosos, convidados indesejados é apenas uma alegoria de algo bem maior e para falar disso é necessário revelar spoilers e interpretar a obra de uma forma que pode estragar a experiência de quem ainda não a assistiu, portanto se você ainda não viu Mãe!

não leia o texto abaixo.

Mãe! não é um filme de terror, apesar de algumas características que possam levar a essa conclusão, como a casa aparentemente assombrada e os acontecimentos que não parecem ser naturais. Na verdade Mãe! é uma fábula sobre a criação e destruição divinas, segundo a ótica católico-cristã. O personagem Him ou Ele (Javier Bardem), o marido de Mãe, na verdade é Deus como visto na Bíblia e Mãe é a encarnação do feminino, podendo ser vista como a mãe natureza, como a Virgem Maria ou mesmo como a representação das mulheres oprimidas pela cultura patriarcal judaico-cristã. O Deus ilustrado no filme é vaidoso e omisso, importando-se apenas com a adoração e a admiração pela sua obra. Mãe é mantenedora, totalmente ausente de vaidade, querendo apenas manter a sua casa - ou a natureza, o planeta, o universo - intacta e livre da destruição causada pela obra dEle, os homens. Vários personagens bíblicos desfilam na tela, como Man ou Homem (Ed Harris) que seria Adão e sua esposa Woman ou Mulher (Michelle Pfeiffer) que seria Eva, assim como seus filhos que acabam se agredindo como no episódio bíblico de Caim e Abel, além do bebê (Jesus) que é morto após ser oferecido por seu pai para a horda de devotos em uma cena que já figura entre as mais chocantes da história do cinema.

Há outras camadas em Mãe! e podemos ver como as

mulheres são vistas e tratadas - graças ao talento do diretor nos sentimos na pele de Mãe - e a insensatez e fanatismo dos homens. O filme também une de certa forma ciência e religião ao mostrar o lar do casal ser destruído e recriado por Ele em um ciclo infinito que pode ser traduzido como o Big Bang, a explosão que deu origem ao universo e o Big Crunch, uma das hipóteses sobre o fim do universo que seria uma grande contração reunindo toda a matéria em um mesmo ponto e reiniciando o ciclo.

O desconforto e reflexões provocados por Mãe! são típicos das grandes obras de arte, cujo objetivo não é apenas deleitar a audiência mas causar incômodo, despertar novas ideias, conectar conceitos e quem sabe até mudar o modelo mental de quem a aprecia.

Nota: 5/5

03/10/2017

O Suspeito (2007)

Rendition

A tortura é um ato de violência injustificável e abominável. Além das questões éticas e humanitárias, as informações obtidas através desse meio brutal são confiáveis, podendo ser utilizadas efetivamente pelos serviços de inteligência? Essa é o principal questionamento levantado por O Suspeito.

Anwar El-Ibrahimi (Omar Metwally) possui um greencard e reside nos Estados Unidos há 20 anos, porém é de nacionalidade egípcia. Isso, somado ao fato dele ter supostamente recebido telefonemas de um suspeito de terrorismo, é o suficiente para que ele seja raptado pelo governo americano e levado ao Egito, em uma instalação patrocinada pela CIA com o objetivo de deter e obter informações de envolvidos com o terror.

A obra expõe o quão ridícula é a atitude das autoridades norte-americanas através da figura da diretora da CIA Corrine Whitman (Meryl Streep), que afirma categoricamente que os Estados Unidos não toleram a prática de tortura - esse é o discurso, na verdade eles patrocinam a tortura em diversos lugares fora dos Estados Unidos, como no aliado Egito e na infame Prisão de Guantánamo, em Cuba. Além disso põe em cheque a eficiência desse método, já que os prisioneiros falam qualquer coisa para livrar-se dos tormentos, normalmente o que o interrogador quer ouvir, o que torna as informações obtidas inúteis e acabam com os argumentos de que o sofrimento de um suposto terrorista pode salvar milhares de vidas em alguma cidade ocidental.

Dito tudo isso, O Suspeito é mais interessante como mensagem do que como obra cinematográfica, não sendo mais do que um filme correto e bem feito, mas sem nenhum brilho ou inspiração excepcional.

Nota: 3/5

04/10/2017

Sangue de Pantera (1942)

Cat People

Sangue de Pantera é uma aula de como fazer um grande filme com poucos recursos, usando a criatividade e as técnicas cinematográficas de forma a sugerir muito mais do que mostrar.

Irena (Simone Simon) é uma imigrante morando nos Estados Unidos que se casa com Oliver (Kent Smith). O casamento não vai bem pois a moça não permite que o marido a toque pois ela teme que, ao manter relações sexuais com Oliver, poderia transformar-se em uma pantera e matá-lo, por conta de uma antiga maldição de sua terra natal, a Sérvia. Há algumas cenas com panteras, principalmente enjauladas em um zoológico, mas a maioria da tensão é criada pelas sombras, ruídos e muita sugestão.

Pode-se interpretar a maldição como uma metáfora da repressão às mulheres, que por conta disso cerceavam seus instintos e sentiam medo de obter prazer sexual. O prazer feminino era algo a ser evitado, pois seria antinatural e pecaminoso, transformando as mulheres em feras irracionais. Há um trecho da obra que corrobora essa hipótese, quando o responsável pelas panteras no zoológico comenta com Irena que os felinos são demoníacos, tal qual citado na Bíblia que descreve a besta com a aparência de pantera.

Sangue de Pantera ganhou nova versão em 1982, A Marca da Pantera (em inglês os título são literalmente iguais - Cat People), que não consegue ser tão envolvente e enxuto como o original, cuja duração de apenas 73 minutos é suficiente para desenvolver, contar e concluir a estória.

Nota: 4/5

05/10/2017

O Ataque dos Vermes Malditos (1990)

Tremors

O Ataque dos Vermes Malditos é um típico filme de baixo orçamento que ganhou um certo status cult com o passar do tempo, graças as suas boas ideias e personagens que não se comportam como heróis, mas como pessoas reais que tentam sobreviver trabalhando em grupo.

A pequena e isolada comunidade de Perfection, com apenas 14 habitantes, é alvo dos ataques de criaturas monstruosas que vivem sob o solo e tentam comer qualquer coisa acima da superfície. A população é sitiada dentro dos limites da cidade pelos monstros e precisa achar um meio de escapar. Embora tenhamos dois protagonistas, Valentine (Kevin Bacon) e Earl (Fred Ward), não há um herói típico dos filmes de ação que resolva todos os problemas, mas todos os habitantes agindo juntos e de forma plausível.

É interessante notar que a sociedade americana é de

certa forma representada pelos personagens e podemos encontrar latinos como Miguel (Tony Genaro), donas de casa, neuróticos armados vivendo em bunkers como Burt (Michael Gross) e os rednecks (homens brancos de baixa renda) Valentine e Earl. Nota-se a ausência de pessoas negras no filme, o que pode ser explicado pela pequena população afro-americanos do estado de Nevada, onde se passa a ação, ou por puro descuido na escalação do elenco.

O Ataque dos Vermes Malditos pode ser descrito como Tubarão em terra firme - a lógica de evitar o terreno arenoso e buscar as pedras é como sair da água e buscar terra firme - e há até cenas que lembram o clássico de Spielberg. Devido ao sucesso da obra, que custou apenas US$11.000.000 e gerou lucro de mais de US$70.000.000, várias continuações foram produzidas, mas nenhuma tão divertida e com a aura cult do original.

Nota: 3/5

06/10/2017

Jogo Perigoso (2017)

Gerald's Game

Uma brincadeira sexual realizada para apimentar - e tentar salvar - o casamento de Jessie (Carla Gugino) e Gerald (Bruce Greenwood) acaba dando errado e a mulher acaba presa, algemada a uma cama em uma cabana isolada. A solidão e o desespero de Jessie trazem a tona lembranças de seus traumas do passado; delírios e realidade se misturam, tudo intensificado pela privação de alimentos.

A premissa parece excelente, já o resultado deixa a desejar: há personagens - ilusórios e reais - mal resolvidos, como o cachorro cujo comportamento é incompreensível ou o alter ego de Jessie, que não tem motivo de existir. Alguns subtextos são interessantes, como a constatação de que o respeito às mulheres pode muitas vezes ser um comportamento artificial para muitos homens, que só agem dessa forma por pressão da sociedade, ou a demonstração de que a pedofilia doméstica é mais comum do que imaginamos. Em compensação há cenas ridículas, como a forma que Jessie consegue escapar das algemas e o acidente com um carro de luxo que bate de frente com uma árvore mas não há sinal do airbag.

Para coroar a sequência de erros, o filme estende-se mais do que o necessário (tenho certeza que qualquer um que assista Jogo Perigoso vai notar o que estou falando), usando esse tempo extra para explicar com detalhes todas os seus signos e nos presenteando com uma cena final embaraçosa. Stephen King, autor do livro no qual Jogo Perigoso foi baseado, é um dos escritores mais adaptados para o cinema de todos os tempos, o que infelizmente significa que muitas obras ruins acabam sendo produzidas com a sua assinatura.

Nota: 2/5

07/10/2017

An Honest Liar (2014)

An Honest Liar

An Honest Liar é um documentário sobre o mágico James Randi, reconhecido internacionalmente como ilusionista e sucessor do grande Harry Houdini nos números de escapologia. O filme foca na cruzada de Randi para desmascarar paranormais, religiosos exploradores da fé alheia e curandeiros, expondo e até mesmo replicando os feitos desses indivíduos, ditos sobrenaturais, com técnicas de ilusionismo.É chocante notarmos, ao assistirmos An Honest Liar, o quanto as pessoas são seduzidas pela fantasia de superpoderes e curas milagrosas. Tende-se a imaginar que apenas as pessoas mais simples e com menos cultura caem no canto da sereia dos trapaceiros interessados em ganhar dinheiro através da ilusão predatória, mas o documentário nos mostra que jornalistas, apresentadores de televisão e até mesmo cientistas podem ser enganados por vigaristas talentosos. Randi cria armadilhas para desmascarar pessoas como Uri Geller - não conseguindo realizar seus truques com os objetos preparados sob a orientação de Randi, Geller alegou estar esgotado psiquicamente, não podendo fazer os seus "milagres" ao vivo na televisão - e o tele-evangelista Peter Popoff - exposto por Randi que gravou a esposa de Popoff dando informações via rádio a Peter durante sua apresentação, para iludir o público crente revelando no palco informações pessoais da plateia.

Na sua parte final o filme trilha por um caminho inesperado, de certa forma irônico, ao mostrar que Randi foi também enganado por boa parte de sua vida (não entrarei em detalhes para não estragar a experiência de quem ainda não viu An Honest Liar) pelo seu companheiro Jose Alvarez.

A mais triste constatação ao fim de An Honest Liar não é a forma descarada com que pessoas inescrupulosas enganam milhões, mas a confirmação de que expor os truques dos médiums e pastores é como evangelizar os já convertidos, servindo apenas para acariciar o ego dos céticos. Os crentes continuarão acreditando, não importa o quão contundente seja a prova que invalide a sua fé cega. A humanidade parece não ter saído do obscurantismo das eras remotas, quando dentro de uma caverna um espertalhão usou a sua sombra projetada pelas chamas da fogueira para assustar e dominar a sua tribo, através do seu poder sobre os espíritos das trevas.

Nota: 4/5

08/10/2017
O Despertar (2011)
The Awakening

O ano é 1921 na Inglaterra, onde Florence Cathcart (Rebecca Hall) atua desmascarando fantasmas e sessões espíritas, expondo o caráter fraudulento e nada sobrenatural desses eventos. Ela é chamada para desvendar um caso de aparição fantasmagórica em um internato, onde reminiscências do seu passado retornarão com força a ponto de abalar o equilíbrio emocional e a razão de Florence.

Há dois elementos interessantes, ainda que tangenciais, em O Despertar: o pano de fundo envolvendo a Primeira Guerra Mundial, que agia como um fantasma real na vida dos ingleses e o machismo da sociedade do início do século XX, demonstrado pelo fato de muitos dos personagens assustarem-se mais com a existência de uma mulher erudita do que com espíritos. Descontando-se esses fatores, O Despertar é um filme de terror genérico, utilizando elementos de dezenas de outros filmes como O Sexto Sentido, Os Outros e Espíritos - A

Morte Está ao Seu Lado. A obsessão dos realizadores de obras de horror pelo desfecho surpreendente, que também acontece aqui em O Despertar, acaba destruindo qualquer sucessão lógica de eventos dentro do roteiro, que é inflado com sustos e atitudes que não fazem sentido se vistos com a reviravolta final em mente. Outro grande problema é a heroína Florence, cuja segurança oscila de forma errática, sendo muito mais passional e irracional do que seria esperado para uma caça-fantasmas.

Mesmo com pontos positivos, como a competente direção abusando de planos detalhe que de fato ajudam a entender e contar a estória e atuações convincentes, com destaque para a governanta da escola Maud (Imelda Staunton) e o garoto Tom (Isaac Hempstead Wright), o saldo é negativo e O Despertar não é um bom filme; pode servir como um passatempo, mas deixa um gosto ruim se ousarmos pensar racionalmente sobre ele após sua conclusão.

Nota: 2/5

09/10/2017

Dívida de Honra (2014)

The Homesman

Dívida de Honra é um faroeste interessante: da mesma forma que No Tempo das Diligências de 1939, mostra pessoas diferentes obrigadas a conviver dentro de uma diligência em uma viagem, mas de forma distinta do clássico de John Ford os viajantes não representam as diversas classes sociais do antigo oeste norte-americano e sim um apanhado geral dos excluídos, como a mulher considerada feia que não consegue casar, o desertor que vive da mendicância e as esposas que não suportaram a pressão da dura vida daquela região árida e acabam ficando malucas. A feia e o desertor partem em uma missão para levar as três mulheres que enlouqueceram de volta para as suas famílias, em um ambiente mais realista do que estamos habituados a ver nos faroestes clássicos, com cidades desertas, casas de barro e uma pobreza generalizada.

Hilary Swank é a escolha perfeita para a protagonista Mary Bee Cuddy, mulher bem educada e fora dos padrões comumente associados à beleza feminina. Hilary imprime verdade à personagem, tornando a empatia com o público algo natural. Podemos dizer o mesmo de Tommy Lee Jones (que também é o diretor do filme) como George Briggs, que não cai na caricatura e mantém o personagem todo o tempo ambíguo, provocando na plateia às vezes raiva e às vezes pena. Outra grande qualidade da obra é o destino de um dos protagonistas, que não revelarei obviamente mas surpreende e choca ao mesmo tempo que faz todo o sentido dentro da estória e do momento emocional vivido por ele.

Dívida de Honra parece um filme simples, mas guarda virtudes em seus detalhes. Nos sentimos próximos dos personagens e conseguimos entender suas motivações, mesmo das mulheres que perderam a razão - quantos de nós já não chegaram perto, guardadas as proporções, de atitudes como as delas? É um raro faroeste com alma feminina dentro de um gênero no qual podemos contar em uma mão as estórias contadas sob o ponto de vista das mulheres, com destaque para o excepcional Johnny Guitar de 1954. Dívida de Honra pode se orgulhar de participar desse clube exclusivo.

Nota: 4/5

10/10/2017

Edward Mãos de Tesoura (1990)

Edward Scissorhands

Criado por um cientista maluco como o monstro de Frankenstein e desejando transformar-se em um garoto de verdade como Pinóquio, Edward Mãos de Tesoura é uma fábula que encanta pelo seu clima onírico e a nova roupagem que dá a temas universais.

O inventor (Vincent Price) criou Edward (Johnny Depp) mas não conseguiu finalizá-lo antes de sua morte, deixando o nosso herói com suas pretensamente provisórias mãos de tesoura. Levado do seu castelo a uma pequena comunidade, Edward tenta se adaptar à uma vida comum mas nem tudo funciona como o esperado.

A obra lembra em muito um livro infantil com casas, carros e figurinos com cores chapadas, como se tivessem sido coloridos por uma criança. Tudo em Edward Mãos de Tesoura passa uma sensação lúdica graças ao design de produção, como o castelo com espaços imensos (de novo, várias planos dentro desse ambiente são semelhantes a grandes ilustrações de edições impressas) e a montanha vista ao fundo da cidade, enorme e cinza como uma nuvem pairando sobre as casas. Estamos acostumados a vilões vestindo cores escuras e os mocinhos vestindo mais claro, mas aqui há uma inversão e Edward, puro e inocente, veste preto enquanto os maldosos e oportunistas habitantes da cidade vestem roupas coloridas, em uma defesa do estilo gótico adotado pessoalmente pelo diretor Tim Burton.

Ao pesquisar Edward Scissorhands no google imagens é que vemos a real dimensão tomada pelo personagem como figura pop, já que o seu nome não só gera milhões de páginas como resultado da busca mas também mais de uma dezena de abas de categorias, criadas para facilitar o trabalho do usuário encontrar o que deseja, entre elas cosplay, fantasia de halloween, maquiagem, luva, pop art e anime.

Edward Mãos de Tesoura pertence à fase mais criativa de Tim Burton, situado entre o bom Os Fantasmas se Divertem e o excelente Ed Wood, quando o diretor conseguia criar estórias e planos que, disfarçados de imagens de pesadelos, povoavam os sonhos da sua audiência.

Nota: 4/5

11/10/2017

A Nova Onda do Imperador (2000)

The Emperor's New Groove

É difícil definir quem é o vilão em A Nova Onda do Imperador. Se por um lado isso é bom, pois rompe com o esquema dos heróis e bandidos bem definidos das animações aproximando-as um pouco mais da realidade, por outro os esforços da obra para que sintamos empatia pelo Imperador Kuzco (voz de David Spade) parecem artificiais.

Com tudo amenizado pelo humor e por uma animação agradável, quase esquecemos em alguns momentos que Kuzco, transformado em uma lhama por Yzma (voz de Eartha Kitt) com o intuito de usurpar o trono, é um tirano insensível e mimado - essas palavras juntas soam como um pleonasmo. Isso faz com que não embarquemos na jornada de Kuzco e que consideremos Pacha (voz de John Goodman), o aldeão que ajuda o governante, um boboca pueril a ponto de arriscar a família pelo novo "amigo".

Olhando-se mais o lado técnico e do design há na obra ideias óbvias como a escolha do roxo, normalmente associado a morte, como cor predominante da vilã Yzma, e outras interessantes utilizando a metalinguagem, como o Imperador interrompendo a projeção para lembrar-nos que a estória é sobre ele.

Mesmo com o protagonista pouco convincente e a estória simplória, o que mais me perturba em A Nova Onda do Imperador é a mensagem, todos tem algo de bom dentro de si, que é de uma ingenuidade que incomoda até a mais otimista das pessoas, ainda mais quando estamos falando de governantes tiranos. Talvez esse positivismo excessivo dos realizadores tenha sido induzido pelo novo milênio - o filme é de 2000, sentimento esse que destoa completamente do mundo real atual, invocando nos espectadores de 2017 um cinismo irônico não planejado no roteiro.

Nota: 2/5

12/10/2017

Alexandria (2009)

Agora

"Homens bons fazem coisas boas, os homens maus as más, mas só a religião consegue fazer com que homens bons façam coisas más". Essa frase do físico Richard Feynman, ganhador do Prêmio Nobel de 1965, pode ilustrar a principal mensagem transmitida por Alexandria.

Baseado em fatos históricos (falarei sobre isso mais adiante), a obra mostra a ascensão do cristianismo durante o Império Romano na cidade de Alexandria, com maior foco na filósofa Hipátia (Rachel Weisz). Mesmo não sendo um grande filme pois apresenta problemas de ritmo, abusa de clichês e apresenta uma estrutura que poderia ser melhorada - reparem como a tomada da Biblioteca de Alexandria, que acontece antes da metade do filme, soa como o clímax da estória e permanece como a cena mais impactante até o final - Alexandria rompe com o modelo mental comum no ocidente que enxerga o cristianismo como uma religião calma, passiva e não violenta. Como qualquer outro crente, os cristãos defendem cegamente os seus dogmas e massacram os que se recusam a converter-se e é de certa forma chocante vermos fanáticos matando pessoas e destruindo obras de arte em nome de Cristo, em um paralelo óbvio com os mais recentes Talibã e Estado Islâmico.

Apesar da crítica as religiões ser justificável, Alexandria buscou o caminho mais fácil para fazer isso, reproduzindo várias passagens históricas que mostram os cristãos como selvagens e omitindo outras que deveriam mostrar os atos monstruosos - por exemplo torturar adversários em praça pública até a morte - do prefeito de Alexandria Orestes (Oscar Isaac), rival do líder cristão Cirilo (Sammy Samir). Essa polarização, mostrando um lado como bom e outro como mau, manipula a audiência de forma a convencê-la sobre os argumentos dos realizadores, mas empobrece o entendimento histórico e a discussão sobre as causas e efeitos dos acontecimentos.

Mesmo com falhas, Alexandria deixa claro a incompatibilidade de crença e ciência: na ciência tudo deve ser posto em dúvida, enquanto na crença qualquer coisa escrita em nome das divindades deve ser seguido cegamente. Hipátia, fiel à ciência, pagou com a vida por não abandonar os seus princípios e não abraçar o cristianismo, cujos seguidores iriam fazer com que todos fossem convencidos do amor e compaixão de Cristo, mesmo que para isso fosse necessário matar, torturar e destruir.

Nota: 3/5

13/10/2017

Hellraiser - Renascido do Inferno (1987)

Hellraiser

Hellraiser pode ser visto como uma metáfora sobre os perigos do hedonismo ou até mesmo ser relacionado a recente (em 1987) epidemia da AIDS. Enxergando-se ou não esses signos, Hellraiser é um bom filme de horror que evita os sustos fáceis investindo no desenvolvimento dos personagens, utilizando os seus monstros como a personificação dos desejos mais obscuros dos homens.

Em busca de prazeres sadomasoquistas extremos,

Frank (Sean Chapman) invoca os demônios chamados de cenobitas para ajudá-lo, utilizando para isso uma caixa quebra-cabeças que uma vez resolvida conjura as criaturas. Ele morre durante a experiência mas sua essência sobrevive de alguma forma até o dia em que sua ex-amante Julia (Clare Higgins), esposa do irmão de Frank, o ressuscita acidentalmente. O que torna Hellraiser interessante é a dúvida sobre quem devemos temer mais, os cenobitas ou Frank e Julia? O elemento realmente assustador é o sobrenatural ou as pessoas de carne e osso? Os cenobitas são apenas o reflexo do sadismo presente nas pessoas, desde a inocente curiosidade mórbida de quem interrompe seu percurso a fim de ver uma vítima de acidente até os torturadores que chegam a sentir prazer sexual ao infringir tormentos às suas vítimas.

A conclusão da obra fecha o ciclo da caixa de conjuração nas mãos de Frank, reiniciando a jornada do cubo. O final, ainda que pareça ter sido feito com o objetivo de gerar continuações, faz todo sentido: interessados pelo quebra-cabeças e pelos prazeres oferecidos pelos cenobitas nunca faltarão, como sempre haverá pessoas atraídas pela satisfação que o sofrimento - próprio ou de outros - pode proporcionar.

Nota: 3/5

14/10/2017

Planeta Proibido (1956)

Forbidden Planet

A humanidade como integrante de uma federação de planetas e explorando novos mundos, utilizando espaçonaves que ultrapassam a velocidade de luz equipadas com hyperdrive ou motores de dobra (warp). Tudo isso soa como Star Trek, a inovadora série de 1966, mas na verdade estou falando de Planeta Proibido, a seminal ficção-científica produzida dez anos antes das aventuras de Kirk e Spock - Gene Roddenberry, criador de Star Trek, admitiu sua fonte inspiradora em sua autobiografia. Há também o robô Robby, que além de utilizar uma versão simplificada das leis da robótica de Isaac Asimov (basicamente proíbe os robôs de machucarem humanos), foi também uma clara inspiração para o robô de Perdidos no Espaço - outra prova da influência de Planeta Proibido.

A espaçonave United Planets Cruiser C-57D, do Comandante Adams (Leslie Nielsen), recebe a missão de investigar o que aconteceu com uma expedição científica no planeta Altair IV. No planeta, distante 16 anos-luz da Terra, encontram apenas dois sobreviventes: Altaira (Anne Francis) e o seu pai, Dr. Morbius (Walter Pidgeon), que adverte Adams sobre o perigo que sua tripulação corre permanecendo na superfície de Altair IV.

A espaçonave C-57D, com o formato de um disco voador, já indica que os alienígenas nesse caso são os humanos. Arrogantes e com tendência a agressividade, os homens do Capitão Adams agem como invasores do paraíso construído por Morbius; tudo fica mais evidente quando descobrem a única presença feminina, Altaira, transformando em vários momentos o que seria uma missão de resgate em uma competição pelo amor da moça.

Planeta Proibido envelheceu muito bem e é convincente até hoje. Mesmo o comportamento dos oficiais da C-57D, que são sexistas e em alguns momentos soam artificiais e até infantis, são necessários para passar a mensagem de que o desenvolvimento tecnológico não significa necessariamente amadurecimento em outras áreas, como os campos social, ético e moral. A sua influência é imensa e pode ser vista em muitos dos filmes de ficção modernos, com incontáveis exemplos além dos já citados, como o holograma em Star Wars e até o monstro invisível em O Predador.

Nota: 5/5

15/10/2017

Os Meyerowitz: Família Não Se Escolhe (2017)

The Meyerowitz Stories (New and Selected)

Repleto de personagens que soam familiares, Os Meyerowitz: Família Não Se Escolhe consegue que a maioria dos espectadores se projete em pelo menos uma das figuras que desfilam pela tela. Isso somado ao carisma dos seus astros acaba entregando um bom filme agradável de se assistir.

Sinteticamente, a obra trata da reunião da família Meyerowitz em Nova Iorque e as mágoas que serão desenterradas nesse reencontro. A estória não e nada original e o roteiro é repleto de passagens excessivamente expositivas (por exemplo um personagem relembrar a família que está separado da esposa - óbvio que a família lembrava dessa informação, a frase foi apenas um recurso preguiçoso dos roteiristas objetivando informar a audiência) mas por incrível que pareça o filme funciona. Dustin Hoffman, sempre ótimo, brilha como Harold Meyerowitz e mesmo os limitados Adam Sandler e Ben Stiller não comprometem como os filhos do patriarca. Há algumas cenas inspiradas, como a libertação de Danny (Adam Sandler) da dominação do pai utilizando as palavras sugeridas para serem ditas a quem está morrendo - te perdoo, me perdoe, te amo, adeus - e outras que caem na tentação do humor típico de Sandler e Stiller, como quando eles destroem o carro de um assediador sexual, o que resulta em altos e baixos típico dos filmes medianos.

Filmes como Os Meyerowitz são uma espécie de porto seguro: são simples, relativamente baratos e emocionam pela universalidade dos temas que abordam. Mesmo assim, tudo poderia ter dado errado então é justo atribuir a qualidade da obra não só às suas escolhas fáceis mas também ao talento dos seus realizadores.

Nota: 3/5

16/10/2017

Blade Runner 2049 (2017)

Blade Runner 2049

Blade Runner 2049 honra o filme original - Blade Runner de 1982 - com seu visual e atmosfera, que não só emulam a obra da década de 80 como também expandem e complementam o seu universo.

Há um novo Blade Runner (caçador de androides ou replicantes), chamado de K (Ryan Gosling), ele mesmo de uma nova geração de replicantes obedientes. Caçando os androides remanescentes de gerações mais antigas, acaba deparando-se com um mistério que pode mudar a dinâmica entre humanos e replicantes.

Há em Blade Runner 2049 signos diversos: a interação entre K e a assistente/namorada virtual Joi (Ana de Armas) remete a materialização da consciência da mesma forma que o Grilo Falante de Pinóquio; o brinquedo em forma de cavalo pode tanto simbolizar o Cavalo de Troia - o segredo escondido que tem o potencial de destruir os humanos - ou os componentes animais inconscientes e irracionais do homem; todos os replicantes choram ou demonstram fortes emoções, ao contrário dos humanos, resgatando a ideia já vista no Blade Runner original e até em 2001: Uma Odisseia no Espaço de que as pessoas perderam sua humanidade de tal forma que as máquinas demonstram mais emoção e compaixão do que as pessoas naturais; a jornada de transformação de K, explicitada por seus nomes, inicialmente K que é um nome de máquina, genérico e constante, com comportamento previsível como o de um computador, alterado para Joe, nome humano e que remete a GI Joe (não os bonequinhos mas o significado original, Government Issue Joe, o soldado raso), um combatente na guerra dos replicantes contra os humanos.

O diretor Denis Villeneuve, do excelente A Chegada, utiliza em Blade Runner 2049 uma estratégia parecida com a utilizada no seu citado filme anterior, levando os espectadores a acreditarem que já decodificaram a trama quando na verdade fomos induzidos a tirar falsas conclusões - essa "surpresa" gera imensa satisfação, da mesma forma que sentimos prazer ao sermos enganados por um ilusionista. Há tropeços, sendo o mais relevante a construção dos vilões, que se encaixariam melhor em um filme de 007 dada a sua composição caricata. Aliás, todos os pontos que considero falhas no roteiro envolvem os vilões: a facilidade com que a replicante Luv (Sylvia Hoeks) entra e sai do posto policial, o por quê K foi mantido vivo em determinada cena quando o lógico seria Luv executá-lo, a cena de apresentação do vilão chefe Niander Wallace (Jared Leto), que realiza um ato de violência sem sentido apenas com o intuito de demonstrar o quanto o personagem é perigoso.

Na sua conclusão, que amarra todas as pontas de forma extremamente satisfatória, há uma belíssima rima temática com o Blade Runner original - até o tema musical de Vangelis daquele filme é invocado - mostrando que os destinos dos protagonistas são de certa forma muito semelhantes aos da obra de 1982. Apenas torço que esse bem sucedido retorno ao universo de Blade Runner não gere continuações que acabem diluindo a força de sua estória, tão bem contada em dois filmes excelentes.

Nota: 4/5

17/10/2017

Alcatraz - Fuga Impossível (1979)

Escape from Alcatraz

A vida na prisão exerce um grande fascínio em muitas pessoas, especialmente se o centro de detenção for Alcatraz, que mantém uma certa aura de lenda como a prisão impossível de se escapar. Tudo isso garante o sucesso e o interesse em Alcatraz - Fuga Impossível, bom filme contando a estória de prisioneiros reais (pelo menos os nomes e a fuga são fatos históricos) que conseguiram sair da prisão dita infalível.

Frank Morris (Clint Eastwood) está preso em Alcatraz e consegue elaborar uma forma de fugir, liderando e contando com a ajuda de mais três prisioneiros: John Anglin (Fred Ward), Clarence Anglin (Jack Thibeau) e Charley Butts (Larry Hankin). Alcatraz - Fuga Impossível tem sua estória muito bem contada, de forma fluente e minuciosa, como visto logo no início com planos detalhe contrapondo o cortador de unhas roubado por Frank e a ficha pessoal indicando que seu QI é alto. Para que torçamos pela fuga dos prisioneiros e esqueçamos que eles são criminosos o vilão, o diretor Warden (Patrick McGoohan), é pintado com cores fortes praticando atos que ressaltam sua tirania e maldade, de forma a justificar a necessidade de fuga dos heróis.

Com todas as cartas na mesa, o truque é bem realizado e Alcatraz - Fuga Impossível é um filme envolvente. Porém para acreditar no filme nós, brasileiros, devemos esquecer do nosso sistema prisional medieval, já que comparado a ele Alcatraz parece um paraíso na terra com celas individuais, roupas, higiene, trabalho, comida e até lazer. Na vida real, uma grande parcela da população do Brasil não fugiria de Alcatraz, mas brigaria para entrar.

Nota: 4/5

18/10/2017

Nossas Noites (2017)

Our Souls at Night

Delicado romance que trata do amor entre idosos, Nossas Noites ainda mostra que os jovens podem ser mais conservadores - de uma forma bastante hipócrita, diga-se - do que as pessoas que viveram suas juventudes durante as décadas de 60 e 70.

Addie (Jane Fonda) faz uma proposta para Louis (Robert Redford), passar as noites com ela não como namorados, mas apenas para os viúvos conversarem e fazerem companhia um para o outro. A amizade evolui para um relação afetuosa - a intensidade do sentimento, se eles se amavam, fica a critério de cada espectador - e eles tornam-se namorados, enquanto relembram do passado com seus erros e mágoas.

Em um filme desse tipo a força da estória, relativamente simples e sem grandes conflitos, reside no carisma e na interpretação dos atores: Redford e Fonda não fazem feio e é muito difícil não gostar de Addie e Louis, assim como perdoar as suas falhas e torcer por eles. O único obstáculo do casal é o filho de Addie, que invoca um conservadorismo (provavelmente motivado pelo ciúme) e uma carência que podem atrapalhar o destino dos idosos enamorados. Mas mesmo esse conflito é tratado de forma leve e sem muita dramaticidade, aproximando Nossas Noites da vida real e seus problemas cotidianos.

Nossas Noites é gostoso de assistir e traz a positiva mensagem da possibilidade de reinício em qualquer fase da vida, quando pouco importa o julgamento dos outros e a pessoa se sente livre para fazer o que quiser. Essa libertação da opinião alheia é um dos únicos motivos para enxergarmos o termo melhor idade, muito utilizado para a terceira idade, de uma forma não irônica.

Nota: 3/5

19/10/2017

Três é Demais (1998)

Rushmore

Três é Demais conta a estória de um adolescente boboca e adultos tão ou mais idiotas do que ele, em um filme que começa promissor mas que logo transforma o prazer de assisti-lo em irritação com personagens difíceis de se projetar e uma trama com desdobramentos absurdos.

Max Fischer (Jason Schwartzman) é um estudante medíocre que disfarça a sua incapacidade através de sua hiperatividade em atividades extracurriculares, sendo fundador ou diretor de dezenas de clubes ou associações, entre os quais o clube do xadrez, clube dos apicultores e sociedade da esgrima. Na verdade nada é aprofundado, sendo tudo mostrado de forma rápida e ilustrando, através de uma montagem eficiente, o incrível número de atividades realizadas por Max, para quem qualquer coisa é melhor do que estudar. Quando Max se apaixona pela professora Rosemary Cross (Olivia Williams), a obra assume de vez o seu caráter de romance infantilizado, com um triângulo amoroso completado por Herman Blume (Bill Murray).

O único aspecto interessante da obra é a associação que podemos fazer de Max com os políticos, que da mesma forma que o estudante são medíocres e ignorantes mas são sedutores e enganadores, dando a impressão de fazerem várias coisas ao mesmo tempo enquanto na verdade não produzem nada de útil. Deixando isso de lado, Três é Demais começa bem mas a partir do segundo ato os minutos se arrastam enquanto o filme é exibido de forma que desejamos, do mesmo jeito que Max, fugir do tormento e ir criar abelhas ou praticar esgrima.

Nota: 2/5

20/10/2017

O Bar (2017)

El bar

O Bar é um interessante filme espanhol do gênero thriller que mostra como as pessoas se comportam em uma situação extrema.

No centro de Madrid um grupo fica isolado dentro de um bar após pessoas serem alvejadas e mortas na calçada por um atirador oculto. Sem saber o que está acontecendo - terrorismo é a primeira opção imaginada - e sob intensa pressão, pouco a pouco cada um vai mostrando sua verdadeira personalidade. Vários tipos fazem parte do microcosmo dentro da taberna, da dona de casa insatisfeita com o casamento e com a vida ao jovem publicitário hipster e arrogante, passando pelo mendigo maluco que não para de citar a Bíblia e o fim dos tempos.

O filme apresenta todas as convenções do gênero para o bem e para o mal, apresentando um bom ritmo - sempre há algo acontecendo - e criando de forma eficiente uma tensão crescente. Por outro lado sacrifica a coerência comportamental dos personagens

- qual o motivo do publicitário esconder a mochila se não havia nada de relevante nela? - e exagera em algumas soluções para aumentar artificialmente a tensão.

O Bar não é brilhante mas é correto e competente; utilizando uma fórmula bastante conhecida - se houvesse zumbis poderia muito bem ser um episódio especial de The Walking Dead - mostra, como em muitas outras obras, o egoísmo humano catalisado pelo senso de autopreservação. E nos faz pensar se não agiríamos da mesma forma não altruísta se estivéssemos em uma situação limite.

Nota: 3/5

21/10/2017
Raw (2016)
Raw

Raw (também conhecido como Grave) é um drama franco-belga com elementos de horror que peca pela irregularidade, mas que se visto como metáfora ganha novos contornos.

Há um certo exagero em vários momentos da estória de Justine (Garance Marillier), vegetariana que se torna caloura de veterinária sendo levada a experimentar carne durante o trote na faculdade, evento a partir do qual a moça passa a sentir uma atração irresistível por proteína animal, inclusive a de origem humana. Os excessos são tanto no aspecto gráfico, com algumas cenas que exageram na violência e gore, como no comportamento dos personagens, com Justine que parece não se surpreender com as suas mudanças comportamentais. A obra torna-se mais interessante e ganha alguma profundidade se associarmos o trote e a transformação de Justine aos rituais de iniciação para a vida adulta; Justine deixa de ser vegetariana ou inocente e passa a enxergar o mundo como ele realmente é, com cada um querendo devorar o outro e portanto para vencer você deve ser o predador e não a presa.

Ao enxergarmos Raw como uma fábula sobre a passagem da infância para a vida adulta, o filme se transforma em algo mais do que uma simples distração; se não levarmos isso em conta, Raw fica restrito aos fãs de um cinema mais sanguinolento e pouco sutil.

Nota: 3/5

22/10/2017

O Segredo dos Seus Olhos (2009)

El secreto de sus ojos

Misto de estória de amor e policial passado na Argentina, O Segredo dos Seus Olhos usa a estratégia de desenvolver sua trama através da visão de Benjamín Esposito (Ricardo Darín), que está escrevendo um romance sobre um crime investigado por ele. Ao mostrar a interpretação de Benjamin dos fatos, a obra ganha uma poderosa muleta se permitindo algumas soluções que parecem ser fantasiosas ou inverossimeis, já que o que estamos vendo não é necessariamente preciso pois é fruto das lembranças e interpretação de Esposito.

Tendo isso em mente, O Segredo dos Seus Olhos tem jeito e atmosfera dos romances clássicos como por exemplo Doutor Jivago, usando o crime como pano de fundo para narrar o amor impossível de Benja e Irene (Soledad Villamil), sentimento inabalável mesmo tendo de enfrentar os obstáculos da distância física, classe social, casamentos sem amor de ambos os lados e o passar dos anos.

Essa aparente ambição por tornar-se um novo clássico atrapalha o filme em alguns momentos, tornando-o mais longo que o necessário e solene em excesso. Por outro lado é interessante ver como o local onde se passa a estória é utilizado organicamente dentro da trama: o arco de determinado personagem se encaixa perfeitamente dentro do ambiente opressivo da Argentina após o golpe militar e a sua salvação só foi possível por conta da sua utilidade dentro dos porões da ditadura.

O Segredo dos Seus Olhos aparenta ser maior do que

é por conta da sua aura de épico; é muito bem produzido e apresenta uma conclusão surpreendente, mas é apenas um bom filme.

Nota: 3/5

23/10/2017

O Estranho Sem Nome (1973)

High Plains Drifter

O Estranho Sem Nome é o segundo longa-metragem, sendo o primeiro faroeste, dirigido por Clint Eastwood, portanto não é por acaso que o ator-diretor encarna a sua persona cinematográfica imortalizada pelos filmes de Sergio Leone (Por Um Punhado de Dólares, Por uns Dólares a Mais e Três Homens em Conflito), o homem sem nome.

Um pistoleiro sem nome (Clint Eastwood) chega a

pequena cidade de Lago e acaba contratado para defender o povoado de três bandidos que, recém-saídos da cadeia, juraram vingar-se dos seus habitantes. As motivações dos ex-prisioneiros são parte do mistério da trama, que vai revelando-se aos poucos e mostrando que nenhum habitante de Lago é realmente inocente.

A obra começa com o tom dos filmes de Leone, mas logo Eastwood impõe seu estilo, mais leve e pervertendo algumas convenções do gênero. O ritmo é excelente e os personagens, incluindo o de Clint, seguem a sua moral pessoal e defendem os seus próprios interesses, evitando que enxerguemos qualquer um deles posicionado nas extremidades mocinho e bandido. Há ainda ideias excelentes, como a pintura da cidade de vermelho, transformando Lago no inferno onde os demônios poderiam executar as suas vítimas.

No melhor estilo de Sergio Leone, O Estranho Sem Nome mostra que honra e hombridade são irrelevantes quando colocados lado a lado dos interesses financeiros. Só isso bastaria para o rompimento da obra com os faroestes clássicos, mas Clint Eastwood vai além ao sacrificar o clima épico em benefício de um certo humor e uma visão mais cínica. Ao deixar o passado e as motivações do pistoleiro sem nome em aberto brinca com o público, que acredita que as motivações do homem são nobres mesmo sem saber exatamente quais são. Manipular a audiência de forma divertida e sem que ela perceba é um dos pilares do cinema e isso é feito em O Estranho Sem Nome de forma espetacular.

Nota: 4/5

24/10/2017

Oldboy (2003)

Oldeuboi

Oldboy faz parte da chamada trilogia da vingança do diretor sul-coreano Chan-wook Park, composta pelos filmes Mr. Vingança (2002), Oldboy E Lady Vingança (2005).

Dae-su Oh (Min-sik Choi) é capturado e fica preso durante 15 anos, sem que ninguém lhe explicasse o motivo ou quem o mantém cativo. Após ser libertado, passa a buscar as repostas (quem, por quê) e vingança.

A estória é mais complicada do que parece, envolvendo o passado de Dae-su Oh e uma reviravolta na sua conclusão.

Na obra, todos os personagens trazem uma dimensão trágica digna das peças de Shakespeare ou dos clássicos gregos; não há vencedores ou perdedores, apenas pessoas que tiveram suas vidas destruídas de uma forma ou de outra. Há cenas carregadas de dramaticidade, como quando o protagonista sai do cativeiro e toca uma pessoa depois de 15 anos ou quando ele quer comer "algo vivo" - afinal não há mais vida dentro dele depois de tudo que ele passou.

Tudo no filme é mostrado de uma forma crua, sem a moldura suavizante normalmente utilizada nos filmes de Hollywood, nas cenas dramáticas e principalmente nas cenas de luta e violência - notem que até a sonoplastia dos socos é mais orgânica e próxima da realidade - o que pode chocar alguns espectadores. Porém nada é gratuito e tudo o que se vê na tela, agradável ou não, é necessário para desenvolver a trama ou os personagens.

Oldboy é fascinante e visceral, com uma trama que toca e emociona mesmo com sua extrema violência. É impossível tirar os olhos da tela com sua combinação de drama humano, vingança e sua trama criativa e bem amarrada, fazendo com que sintamos pelos personagens sentimentos ambíguos como amor e ódio, mas nunca a indiferença.

Nota: 5/5

25/10/2017

Harakiri (1962)

Seppuku

Harakiri é lindo, profundo e impecável, uma obra-prima. Quais seriam as verdadeiras intenções do samurai Hanshiro Tsugumo (Tatsuya Nakadai) ao chegar na residência de um senhor feudal e solicitar um lugar para praticar o seppuku (ritual suicida conhecido no ocidente como harakiri)?

A trama se passa em 1630 durante o declínio dos samurais, já que são tempos de paz e o xogum Tokugawa estava aos poucos transformando os samurais de guerreiros em burocratas. Por conta disso, havia uma grande quantidade de samurais sem senhor, os chamados ronin, vivendo com dificuldades e privações. A obra tem poucas cenas de ação, focando nos embates psicológicos; tudo é tão bem feito e envolvente que mesmo sendo um filme lento e com muitos diálogos, não há um só momento desnecessário ou tedioso. É difícil falar sobre destaques em um filme beirando à perfeição como Harakiri, mas chamo a atenção acerca da fotografia, em preto-e-branco e belíssima - a cena dos samurais no cemitério é inesquecível - e dos atores, todos profundamente mergulhados em seus personagens - observem os closes nos rostos destacando as emoções.

Sem revelar muito da estória, que vai revelando-se aos poucos fazendo uso de flashbacks, Harakiri conta uma trama de vingança contra as pessoas que fizeram o mal ao mesmo tempo que põe em dúvida a validade dos códigos e tradições dos samurais, a honra samurai. As tradições, tão valorizadas pelas classes dominantes, só são invocadas quando atendem aos interesses dos poderosos, servindo muitas vezes para separar as classes sociais com uma ideologia beirando a crença religiosa - é muito fácil convencer um crente a fazer algo que vai de encontro com os seus dogmas.

A conclusão de Harakiri é satisfatória dentro das circunstâncias vividas pelos protagonistas, mas não é doce nem apresenta um final feliz, já que mostra os poderosos manipulando as informações e códigos sociais como sempre fizeram. A vingança trouxe o júbilo, mas como disse Tsugumo, a felicidade tende a durar apenas durante um curto período.

Nota: 5/5

26/10/2017

Hara-Kiri: Morte de um Samurai (2011)

Ichimei

Não costumo escrever sobre a obra original e também sobre a sua refilmagem ou continuação, pois além de acreditar que a comparação normalmente é injusta (o segundo sempre será uma cópia) o texto tende a repetir-se. Abri uma exceção para Harakiri (original) e Hara-Kiri (refilmagem) para discutir justamente o valor dessas produções.

Hara-Kiri conta basicamente, com diferenças

mínimas, a mesma estória de Harakiri, sobre o qual falei no texto anterior. A refilmagem é colorida e 3D (!) enquanto o original é em preto-e-branco; esse aspecto técnico, a fotografia, é imensamente superior na obra de 1962 (não lembro de nenhum plano particularmente belo no filme de 2011) mas esse não é o principal problema.

A refilmagem, ainda que tenha gerado um bom filme, simplifica a trama e suas interpretações ao tentar explicar em demasia alguns fatos e explicitar detalhes, com decisões de roteiro que me parecem equivocadas por destruir certas ambiguidades principalmente no que diz respeito ao caráter dos personagens. Tudo na nova versão é mais dramático e menos sutil, causando exatamente o efeito contrário ao aproximar-se mais da pieguice do que da emoção genuína.

Dito tudo isso, por que refilmar uma obra-prima como Harakiri? Para que comparações sejam feitas e inevitavelmente constatemos que a cópia é inferior ao original? Esse tipo de produção não é homenagem, é simplesmente o reconhecimento de que os produtores não tem novas ideias boas o suficiente e precisam buscar inspiração nos clássicos da forma mais preguiçosa possível, fazendo pura e simplesmente uma cópia colorizada e infantilizada. A justificativa da modernização da linguagem não funciona, já que Harakiri é mais moderno e elegante do que Hara-Kiri mesmo sendo quase 50 anos mais velho.

Para quem tiver tempo e disposição, assistir os dois filmes é didático, uma prova de que mesmo tendo o mapa da trilha o seguidor não consegue reproduzir o caminho genial do pioneiro. Para os outros, esqueçam a existência de Hara-Kiri: assistam e reverenciem Harakiri.

Nota: 3/5

27/10/2017

300 (2006)

300

300 é baseado na graphic novel (história longa contada através de arte sequencial - quadrinhos) homônima de Frank Miller, que por sua vez inspirou-se no filme Os 300 de Esparta de 1962, todos contando com muita liberdade artística fatos históricos que aconteceram durante a Batalha das

Termópilas, em 480 A.C., quando a Pérsia tentou invadir a Grécia. Por motivos políticos e religiosos o exército espartano não pôde defender a cidade, cabendo essa tarefa a 300 dos seus melhores soldados liderados pelo Rei Leônidas.

O que mais chama a atenção em 300 é o visual, abusando dos planos impactantes e da câmera lenta que, embora seja normalmente um recurso pobre e incômodo, aqui é justificável pela tentativa de emular o efeito dos quadrinhos, fonte inspiradora da obra. Tudo é superlativo propositadamente: a força e habilidade dos espartanos, quase como se possuíssem super poderes, os vilões e seu visual carnavalesco, os gritos e até mesmo a arrogância de mocinhos e bandidos. Porque obviamente em 300 qualquer motivação histórica real é descartada e os persas, liderados por Xerxes (Rodrigo Santoro), são ilustrados como vilões traiçoeiros enquanto os espartanos, liderados pelo Rei Leônidas (Gerard Butler) são nobres, honrados e justos, embora às vezes os exageros espartanos sejam tão impertinentes que até passamos a enxergar Xerxes como uma pessoa razoável.

300 se assemelha a um video-game, com hordas de vilões, monstros e chefes de fase se apresentando em fila para serem mortos pelos guerreiros de Esparta. Sua estória é interessante - uma trama clássica - mas seus superlativos enjoam depois de algum tempo além

de falhar em mostrar a dimensão das batalhas, que parecem envolver no máximo 20 ou 30 soldados de cada lado - não podemos esquecer que além dos trezentos espartanos havia os arcadianos, totalizando na verdade quase mil homens. Tudo isso faz de 300 um filme irregular, agradável em alguns momentos e irritante em outros - ao lembrar de Gerard Butler gritando, acredito que os momentos irritantes ganhem.

Nota: 3/5

28/10/2017

Mr. Magoo (1997)

Mr. Magoo

O desenho animado Mr. Magoo foi exibido pela primeira vez em 1949 e foi bastante popular na década de 1950, quando ganhou 2 Oscars de melhor curta de animação. A versão live action (atores de carne e osso), com Leslie Nielsen como Quincy Magoo, falha em reproduzir a atmosfera dos desenhos, com uma trama que mais parece uma versão piorada das aventuras do Inspetor Closeau de A Pantera Cor-de-Rosa.

É difícil encontrar qualidades em Mr. Magoo: não consegue definir o seu público, sendo infantilizado demais para os adultos e sem apelo para as crianças, falha em convencer que o personagem principal é o Mr. Magoo que conhecemos dos desenhos - em alguns momentos até a sua principal característica, a miopia extrema, é ignorada - e o principal, é uma comédia sem graça alguma.

A obra foi uma tentativa de lucro fácil, apostando em um filme barato, um personagem relativamente conhecido e pouco explorado e um ator com uma certa popularidade por sua atuação em comédias, Leslie Nielsen. Só não levaram em conta que o personagem funciona melhor em pequenas doses e não em um longa metragem. Essa característica somada ao fato da estória não ser minimamente interessante e nem combinar com o personagem, além da falta de cuidado da produção em invocar o universo da animação, resultaram no desastre que é Mr. Magoo.

Nota: 1/5

29/10/2017

Trainspotting - Sem Limites (1996)

Trainspotting

Por detrás da estória da amizade de alguns viciados em drogas vivendo em Edimburgo, Trainspotting expõe a miséria da condição humana em uma narrativa niilista.

Logo em seu início, Trainspotting já mostra que não vai tratar o tema das drogas de maneira infantilizada, dizendo claramente que as substâncias ilícitas podem até ser nocivas mas proporcionam grande prazer aos seus usuários. Na verdade, o filme demonstra que o grande prejuízo que as drogas produzem é no convívio social - uma pessoa sob influência de heroína, por exemplo, fica incapacitada de interagir com os outros e realizar tarefas. Por outro lado, sugere que todos são viciados em algo: bebida, junk food, tabaco, trabalho, todos legais mas com potencial destrutivo similar aos produtos proibidos.

Porém o grande signo escondido na trama leve e bem

humorada (embora tenha algumas poucas cenas pesadas) é o vazio da existência humana: no final das contas, a vida de um viciado será tão significativa quanto a vida de um trabalhador e pai de família, ambos sendo inevitavelmente esquecidos em menos de 100 anos ou 4 gerações (alguém lembra ou sabe ao menos o nome do seu tataravô?).

Os ecos do filósofo Schopenhauer, uma das influências de Nietzsche, podem ser ouvidas com força em Trainspotting, cuja mensagem pode ser resumida na seguinte frase retirada da obra O Vazio da Existência: "Então se pode dizer que o homem, via de regra, é enganado pela esperança até dançar nos braços da morte!".

Nota: 4/5

30/10/2017

Thor: Ragnarok (2017)

Thor: Ragnarok

O principal acerto do Marvel Studios em seus filmes é não tentar esconder que tudo não passa de uma grande (porém cara e lucrativa) brincadeira, assumindo o quão ridículo é vermos pessoas fantasiadas com super poderes e ainda fazendo piadas durante batalhas mortais. Essa é a diferença fundamental, que se reflete no abismo de sucesso e qualidade, entre os universos cinemáticos da Marvel e DC, essa segunda impondo um tom épico e sombrio nas suas aventuras que torna-se risível quando vemos que os protagonistas usam cuecas por cima das calças.

Dito tudo isso e embora seja extremamente divertido, Thor: Ragnarok passa um pouco do ponto e exagera no seu tom cômico, causando muito mais risadas do que emoção ou apreensão a respeito do destino dos heróis. Na verdade as cenas de ação, mesmo sendo extremamente bem feitas, acabam tornando-se monótonas e previsíveis, com um bombardeio sensorial que logo perde o seu efeito hipnótico.

Há pontos admiráveis, como a disposição da produtora de realmente evoluir os seus personagens, com mudanças psicológicas e físicas. Isso pode parecer simples mas não é e envolve um planejamento cuidadoso de não apenas um mas de diversos filmes. Os atores parecem estar divertindo-se imensamente interpretando os caricatos personagens, com destaque para os exageros divertidíssimos de Cate Blanchett como Hela e a atuação acertadamente afetada de Jeff Goldblum como Grandmaster (ou Grão-Mestre).

O saldo é positivo e mesmo não sendo nem um pouco surpreendente ou criativo, Thor: Ragnarok entrega um produto divertido, o puro cinema pipoca, além de levar à frente o universo cinemático da Marvel. O grande risco à essa altura da empreitada da editora de Stan Lee é o esgotamento e aqui vemos claramente que as ideias estão se repetindo - o excesso de humor foi justamente para disfarçar isso. Esse é o desafio da Marvel daqui pra frente: fazer filmes divertidos que não façam a plateia dormir.

Nota: 3/5

31/10/2017

Tales of Halloween (2015)

Tales of Halloween

Antologia de horror com uma característica que de certa forma a destaca das demais: ao invés das três ou quatro estórias comumente presentes nesse tipo de obra aqui temos dez segmentos, todos ocorrendo durante a noite de Halloween, que funcionam como pequenos curta-metragens isolados, ainda que alguns personagens apareçam em mais de um dos segmentos - esses cruzamentos não têm relevância para as tramas.

A natureza desse tipo de filme acaba invariavelmente produzindo uma obra irregular e Tales of Halloween não é exceção. Há alguns episódios interessantes como Trick, onde crianças atacam mortalmente alguns adultos dentro de uma casa com um final surpreendente e The Night Billy Raised Hell, com um humor macabro e desdobramento curioso. O grande problema é que tudo foi pensado como um horror para a família, infantilizado e limpo demais, não provocando sustos e muito menos medo.

Durante alguns dos episódios, na televisão da casa dos personagens, está sendo exibido o filme A Noite dos Mortos-Vivos de 1968. Mais do que uma homenagem, essa referência soou como uma ponta de inveja dos realizadores, que por motivos comerciais foram obrigados a produzir um filme de terror para crianças.

Nota: 2/5

01/11/2017

Susana, Mulher Diabólica (1951)

Susana

Susana foge de um reformatório e se esconde em uma fazenda onde, escondendo a sua verdadeira origem, é abrigada por Don Guadalupe (Fernando Soler) e sua família. Sua figura e atitude sensuais seduzem os homens da propriedade, incluindo o patriarca

Guadalupe, o seu filho Alberto (Luis López Somoza) e o capataz Jesús (Víctor Manuel Mendoza).

Embora à primeira vista Susana (Rosita Quintana) pareça ser uma vilã devassa que chegou para corromper uma família de pessoas boas, a obra pode ser vista por um outro ângulo, onde Susana é uma vítima de sua beleza e do machismo. Em nenhum momento é explicado qual foi o delito cometido pela moça para que essa tenha sido detida - talvez o seu corpo voluptuoso e provocante tenha sido a causa - e desde o momento em que ela chegou à fazenda todos os homens passam a assediá-la de uma forma ou de outra. No tradicional hábito das sociedades patriarcais fundadas na tradição judaico-cristã, onde a castidade da mulher é vista como uma virtude, a culpa dos ataques é sempre da mulher e não do violentador, afinal ele como macho não tem o dever de controlar os seus desejos, cabendo à fêmea a obrigação do recato. Claro que ao assistir o filme vemos que Susana não é santa e tenta manipular as pessoas para conseguir melhorar de vida, mas quem seria mais merecedor de uma punição: Susana que usou o seu poder de sedução mas sem atacar ou obrigar ninguém a fazer o que não quisesse ou por exemplo Jesús, que assediou e estuprou a moça e mesmo assim foi perdoado por todos por ter sido "enfeitiçado" por Susana?

Não consigo ver a conclusão de Susana, Mulher

Diabólica sem enxergar um grande cinismo por parte do diretor Luis Buñuel: tudo retorna a normalidade e a família volta a sua harmonia com todos sendo perdoados, menos obviamente a bruxa Susana, cuja beleza só pode ser de origem demoníaca. Após o pesadelo chamado Susana ser exorcizado, a casa cristã elimina qualquer pecado carnal de seus domínios; para os homens de bem que querem alívio através do sexo sempre existirão os bordéis, afinal a sujeira deve ser deixada do lado de fora do lar.

Nota: 4/5

02/11/2017

Quando Chega a Escuridão (1987)

Near Dark

Criaturas sem charme ou sofisticação, mais parecendo um grupo de arruaceiros vivendo nas ruas às custas de pequenos roubos e assassinatos para saciar a fome por sangue. Esses são os vampiros de Quando Chega a Escuridão, que começa promissor ao tratar os bebedores de sangue de uma forma nem um pouco glamurosa, mas rende-se aos clichês e acaba transformando-se em uma açucarada estória de amor.

Caleb (Adrian Pasdar) flerta com Mae (Jenny Wright), que é uma vampira e acaba mordendo e transformando o jovem enamorado em um monstro sedento por sangue. O rapaz então junta-se a moça e o seu grupo a fim de aprender como viver como um vampiro. As boas ideias do filme, como o seu primeiro plano mostrando em detalhes um mosquito chupando o sangue de um braço humano, logo se esgotam e a trama sofre para preencher os 90 minutos de duração da obra, já que seu arco principal é simples e sem grandes reviravoltas. A execução passa a impressão de um desenvolvimento mal feito, onde houve uma boa ideia inicial mas pouco conteúdo para expandi-la; logo as soluções fáceis começam a desfilar na tela, com coincidências improváveis e atitudes inverossímeis tanto dos vilões quanto das vítimas, tudo a serviço de um roteiro preguiçoso.

Decepção é a melhor palavra para definir Quando Chega a Escuridão, já que o seu início parecia indicar que um filme ao menos razoável estava a caminho. A conclusão, infantil e artificialmente feliz, não só confirma a sua falta de qualidade mas também reforça a sua mediocridade.

Nota: 2/5

03/11/2017

Ele está de Volta (2015)

Er ist wieder da

Baseado no romance homônimo de Timur Vermes, Ele está de Volta brinca com a ideia de Hitler ressurgir em pleno século XXI. Utilizando uma estrutura por vezes semelhante a de Borat, misturando ficção com reações espontâneas de pessoas reais, Ele está de Volta provoca risos, muitas vezes sorrisos amarelos e nervosos, ao expor a verdadeira natureza do ser humano e como Hitler poderia muito bem repetir a história se estivesse vivo nos dias de hoje.

Mesmo sem ser hilariante, Ele está de Volta é engraçado e ao mesmo tempo perturbador ao mostrar como as pessoas, através de pequenas iscas, facilmente libertam-se do politicamente correto e revelam as suas verdadeiras convicções. Muitos dos abordados nas ruas não só concordam com as ideias racistas e preconceituosas como chegam a jurar fidelidade a Hitler (Oliver Masucci), como um homem que pede para a câmera ser desligada a fim de confessar que morreria pelo Führer caso ele fosse realmente o personagem histórico.

A política é mostrada como desacreditada pela população, com várias imagens de noticiários sendo exibidas e narradas por Hitler ironizando a atuação dos representantes do povo e colocando em dúvida o quanto a democracia melhorou a vida das pessoas. Claramente entendemos que a democracia está em crise no mundo inteiro, abrindo espaço para discursos populistas e potencialmente perigosos como os feitos por Hitler. A televisão e o jornalismo também não são poupados: a TV é só circo e modismos - Hitler passa pelos canais e só encontra programas de culinária - e os jornalistas não se preocupam em discutir ou expandir conceitos mas escrever exatamente o que a plateia quer para não perder leitores.

Ao lado de grandes ideias, como Hitler cair em desgraça por agredir um cachorro - enquanto pregava a morte de seres humanos ninguém se importava - a grande falha de Ele está de Volta é o excesso de didatismo, insistindo em explicar o que foi mostrado e que deveria ser interpretado livremente pelo espectador, como por exemplo Hitler explicando que faz sucesso porque no fundo todos são como ele. Mas pensando bem, para pessoas que elegem Trump e apoiam Bolsonaro, todo o didatismo do mundo ainda não será o suficiente.

Nota: 4/5

04/11/2017

O Homem do Sputnik (1959)

O Homem do Sputnik

O Homem do Sputnik é uma das grandes comédias da produtora brasileira Atlântida, protagonizada pelo famoso comediante Oscarito e presente na lista dos 100 melhores filmes brasileiros da Abraccine (Associação Brasileira de Críticos de Cinema).

O satélite russo Sputnik cai no galinheiro do simplório Anastácio Fortuna (Oscarito), o que transforma a vida do homem que passa a ser uma celebridade, além de ser perseguido por norte-americano, soviéticos e franceses que querem tomar o artefato. O humor da obra pode parecer desgastado hoje, já que a sua forma de fazer rir, com humor físico, caretas e piadas de costumes, foi utilizada à exaustão principalmente pela televisão até os dias atuais. Não à toa vemos no filme figuras que fizeram muito sucesso em programas de humor como Jô Soares, Tutuca e Zezé Macedo, todos eles levando para a televisão a fórmula refinada pelo diretor Carlos Manga na Atlântida.

Chama a atenção a atuação de Norma Bengell como BêBê, uma óbvia sátira de Brigitte Bardot; outro destaque é a representação caricata dos estrangeiros, da mesma forma que os filmes de Hollywood fazem com os brasileiros e latinos, incluindo uma divertida crítica à política de boa vizinhança do governo norte-americano - aquela, que até gerou o personagem Zé Carioca.

Durante boa parte do filme o Sputnik funciona como um MacGuffin - objeto que movimenta a trama mas tem pouca ou nenhuma importância dentro dela - e poderia ser um poço de petróleo, um diamante ou informações secretas roubadas de um espião. O satélite só ganha importância no final surpreendente, criativo e difícil de se antecipar, coroando a qualidade dessa obra desprezada pelo público moderno e que merece ser redescoberta.

Nota: 4/5

05/11/2017

À Procura da Vingança (2006)

Seraphim Falls

Carver (Liam Neeson) está caçando Gideon (Pierce Brosnan) por algum motivo obscuro - conforme a trama avança as razões vão sendo reveladas. A apenas esse arco resume-se À Procura da Vingança, um jogo de gato e rato recheado de encontros e eventos que pouco acrescentam a estória ou ao desenvolvimento dos personagens, soando apenas como episódios isolados criados com a única intenção de tornar a obra mais longa.

O que não permite que À Procura da Vingança seja um desastre é o carisma de seus astros, Neeson e Brosnan, que acabam levando o filme nas costas e preenchem a tela, nos iludindo de forma a acreditarmos que algo está ocorrendo quando na verdade muito pouca coisa acontece. Até a simplicidade da estória, que poderia se transformar em um ponto positivo nas mãos de um diretor mais habilidoso, é de certa forma abandonada na conclusão da obra, que apresenta um simbolismo tolo e pretencioso ao sugerir o encontro de Carver e Gideon com o diabo.

À Procura da Vingança até funciona como passatempo, mas não resiste a mais superficial análise ou crítica com sua trama batida e previsível, abdicando da criatividade ao acreditar que apenas a persona cinematográfica de suas estrelas pudesse produzir um bom filme.

Nota: 2/5

06/11/2017

A História Sem Fim (1984)

Die unendliche Geschichte

O grande mérito de A História Sem Fim é o de envolver a plateia com a sua atmosfera onírica e mágica, criando uma imersão que, apesar de direcionada às crianças, captura também os adultos.

A trama é simples: a vida do garoto Bastian (Barret Oliver) não está boa - acabou de perder a mãe e sofre bullying na escola - e ele acha refúgio na fantasia, através de um livro que o envolve, A História Sem Fim, que conta a estória de um reino mágico - Fantasia - que está sendo destruído pelo Nada. As imagens exibidas quando o garoto mergulha no livro parecem ter sido extraídas de sonhos e suas criaturas fantásticas remetem a ilustrações de estórias infantis que povoam a imaginação de pessoas de todas as idades; tudo é muito bem feito, ainda mais se levarmos em conta que não havia efeitos digitais na época.

A mensagem, embora ingênua, é passada de forma orgânica pela trama, sem a necessidade da repetição de mantras ou canções edificantes. Na verdade, apesar de parecer pueril a exaltação do poder da imaginação em detrimento do "mundo real" pregada pela obra, não podemos diminuir a importância da mente criativa que em última análise é a grande força motriz da ciência e das inovações.

Pode-se dizer que A História Sem Fim é um filme infantil honesto, que investe mais na emoção através de imagens e música do que no prazer intelectual de um roteiro engenhoso ou reflexões mais profundas, conseguindo realizar a difícil tarefa de ser um filme que é assistido com prazer pelos pais juntamente com os filhos.

Nota: 3/5

07/11/2017

O Encouraçado Potemkin (1925)

Bronenosets Potemkin

O Encouraçado Potemkin é indiscutivelmente uma peça de propaganda da Revolução Russa de 1917, mas independente da ideologia a sua genialidade é latente, exibindo em 1925 elementos modernos muito a frente do seu tempo.

A obra conta a estória da revolta da tripulação do navio encouraçado Potemkin que, descontadas as liberdades artísticas, foi de fato um evento histórico ocorrido em 1905 e é considerado como um ensaio para a revolução de 1917. Logo nas primeiras cenas nota-se a montagem ágil, com cortes rápidos e muita decupagem, o que pode ser comum atualmente mas simplesmente não existia em 1925. Assistindo ao filme entendemos o motivo do diretor Eisenstein ser considerado, juntamente com Griffith, o pai da montagem.

Além da estética e linguagem inovadoras, a obra é carregada de signos: os vermes na carne associados aos oficiais do Potemkin; o padre representando a Igreja, inicialmente apoiando os poderosos e em seguida fingindo-se de morto ao perceber que os marujos haviam vencido (impossível não lembrar do silêncio da Igreja durante a Segunda Guerra Mundial); a bandeira vermelha, pintada da cor simbolizando o comunismo diretamente na película, caso contrário a bandeira aparecia negra no filme e não funcionaria como mensagem.

Na sua parte final, outra sequência antológica e imitada por filmes distintos como Os Intocáveis e Corra que a Polícia Vem Aí 33 1/3 - O Insulto Final, o famoso massacre na escadaria de Odessa, onde os soldados do Czar exterminam a população não poupando crianças, velhos ou deficientes. De novo a montagem mostrando os tiros, as pessoas em fuga escadaria abaixo, planos fechados de rostos machucados e crianças sendo pisoteadas, em uma intensidade poucas vezes superada mesmo depois de quase 100 anos.

Podemos e devemos ser céticos quanto às revoluções, que na maioria das vezes é iniciada em nome do povo mas acaba criando uma nova elite privilegiada. Independente do seu caráter ideológico, O Encouraçado Potemkin é um marco do cinema e é obrigatório para qualquer um que goste e queira entender melhor a evolução da sétima arte.

Nota: 5/5

08/11/2017

Preso na Escuridão (1997)

Abre los ojos

Preso na Escuridão é um drama espanhol com toques de ficção científica, apresentando conceitos interessantes a ponto de enxergarmos suas ideias utilizadas em Matrix de 1999 e no seriado de TV Black Mirror, além de uma refilmagem americana, Vanilla Sky de 2001.

César (Eduardo Noriega) é rico e bonito e tem uma vida considerada de sonho por muitos, com muito conforto e namoradas, até que ele conhece Sofia (Penélope Cruz), por quem se apaixona. Mas um acidente, que resulta na desfiguração de seu rosto, interrompe a sua felicidade. Contar mais do que isso estragaria a experiência de assistir Preso na Escuridão, que mistura eventos concretos com sonhos e fantasia, sempre pondo em dúvida a sanidade dos personagens e a verdadeira natureza da realidade.

Ao lado de signos interessantes ainda que óbvios - por exemplo a aparência monstruosa de César revelando o seu verdadeiro eu interior - Preso na Escuridão mantém o interesse durante toda a sua duração, revelando a cada momento novas peças do quebra-cabeças proposto. Se você já viu Vanilla Sky, Preso na Escuridão não trará surpresas - texto e decupagem são quase idênticos. Se não, prefira o original, já que a cópia estrelada por Tom Cruise é inferior não só pela evidente falta de originalidade mas pelo fato de eliminar algumas ambiguidades que enriqueciam principalmente o protagonista César. Como curiosidade, Penélope Cruz está nos dois filmes interpretando a mesma personagem, Sofia.

Nota: 4/5

09/11/2017

Com as Horas Contadas (1949)

D.O.A.

Frank Bigelow (Edmond O'Brien) está passando alguns dias de férias em San Francisco e é envenenado em um bar. Com apenas alguns dias de vida por conta do efeito da substância no seu organismo, parte em busca de respostas: quem quer vê-lo morto e o porquê.

Se desconhecermos o desenvolvimento da trama, Com as Horas Contadas passa facilmente como uma comédia pelo tom do seu primeiro ato. Frank vai a San Francisco em busca de aventuras sexuais (tudo muito discreto e apenas insinuado por conta do Código Hays, a rigorosa auto censura vigente em Hollywood na época) e a atmosfera de chanchada é tanta que até efeitos sonoros engraçadinhos são utilizados quando Frank avista uma mulher bonita. Tudo muda com o seu envenenamento, quando a obra se torna um thriller e a estória torna-se complexa (em demasia, diga-se) com idas e vindas na busca pelo assassino. A mudança de tom e o excesso de reviravoltas acabam tornando Com as Horas Contadas irregular, ainda que consiga manter o interesse durante todo o tempo.

Com as Horas Contadas é um bom e criativo filme, arriscando e surpreendendo a plateia, ainda que isso tenha um custo. Até o seu título (o original em inglês) é criativo e só é possível entender o significado do acrônimo D.O.A. na última cena do filme, que mesmo não sendo excelente é uma obra única.

Nota: 3/5

10/11/2017

O Deserto dos Tártaros (1976)

Il deserto dei tartari

O tenente Giovanni Drogo (Jacques Perrin) é designado para trabalhar em uma fortaleza à beira de um deserto, cujo objetivo é impedir o ataque dos tártaros. Com belíssima fotografia e locações, como a cidadela / fortaleza Arg-é Bam localizada no Irã, O Deserto dos Tártaros não se limita ao requinte do formato, apresentando camadas que permitem diversos signos e interpretações.

Os aguardados invasores tártaros nunca chegam, todos os militares que servem na fortaleza vivem apenas da expectativa do grande acontecimento que está por vir. Isso pode ser interpretado como o vazio e falta de sentido da existência humana, onde a projeção e idealização dos acontecimentos é mais importante do que os fatos reais. Pode-se projetar essa ideia à vida comum, da mesma forma que costumamos fazer ao preparar uma viagem, onde a fase de planejamento é muitas vezes mais excitante do que o próprio passeio.

A obra não poupa os militares com seus regulamentos e procedimentos burocráticos, que parecem existir como próprio fim, não levando a lugar algum e aparentemente evitando qualquer ação que efetivamente produza efeitos práticos. Toca também em algo que sempre existiu na história humana, que é a criação de um inimigo comum, não importando se ele é real ou imaginário. Esse "inimigo" tende a concentrar esforços e unir a população para um objetivo comum, nem sempre nobre - não podemos esquecer que os judeus eram os "inimigos" da Alemanha nazista.

O Deserto dos Tártaros é um grande filme, porém um pouco lento, o que pode afastar as plateias modernas, acostumadas a assistir obras com montagens mais ágeis. Mas até mesmo essa lentidão pode ser vista como mais um signo, tentando transmitir à audiência a sensação de observar o deserto e não enxergar nada senão areia.

Nota: 4/5

11/11/2017

Moana: Um Mar de Aventuras (2016)

Moana

Moana é o longa-metragem de animação da Disney de número 56 e demonstra a maturidade alcançada pela fórmula dos filmes criados pelo estúdio, tanto na técnica quanto na forma de contar a estória e desenvolver os personagens.

Moana (voz de Auli'i Cravalho), a filha do chefe de uma ilha da Polinésia que parte em missão para salvar seu povo de uma maldição, em nada lembra as princesas Disney mais tradicionais, sendo segura, voluntariosa e independente. Há até uma piada na animação quando Moana se nega a ser chamada de princesa, mas Maui (voz de Dwayne Johnson) justifica o título dizendo que ela usa vestido e tem um bichinho fofinho como acompanhante. Na verdade esses bichinhos, um porco e uma galinha claramente criados com o objetivo de vender brinquedos, são o elo mais evidente de Moana com as animações clássicas. Todo o resto exala frescor, desde os ambientes criados de forma hiper-realista - mais coloridos, mais bonitos, mais vibrantes do que a realidade - até a locação e cultura das ilhas do Pacífico. O arco da protagonista não escapa do esquema do monomito ou jornada do herói, mas desenhado de forma menos formulaica e introduzindo pequenas variações muito bem-vindas.

Quanto aos significados, as mensagens são passadas de forma orgânica e sem mantras: o discutível valor e utilidade das tradições, a necessidade de trilhar o próprio caminho e a intervenção do homem sobre a natureza. Esse último é o principal signo, afinal o equilíbrio foi destruído quando Maui roubou o segredo da vida da deusa Te Fiti, o que representa o conhecimento e a ciência. O equilíbrio só foi restaurado com a devolução do segredo, mas uma informação não se devolve, se compartilha, portanto a conclusão com seu final feliz (não considero isso um spoiler já que estamos falando de uma animação Disney) representa o equilíbrio entre o conhecimento científico e o respeito pelo mundo natural.

Para completar, as canções são pops extremamente bem feitos e "pegajosos" - é difícil parar de cantarolar, por exemplo, a canção de Maui. Tudo isso coloca Moana entre as minhas animações da Disney prediletas e ouso colocá-la entre as 10 melhores, ao lado de clássicos como Brance de Neve e O Rei Leão.

Há ainda uma piada adicional depois dos créditos envolvendo A Pequena Sereia, o que pode ser considerado a cereja de um bolo delicioso.

Nota: 5/5

12/11/2017

A Nona Vida de Louis Drax (2016)

The 9th Life of Louis Drax

A Nona Vida de Louis Drax inicia com um texto que parece ter sido tirado de um livro de autoajuda, flerta com o suspense ao tentar sem sucesso ser um thriller e soluciona o seu grande mistério de forma patética, disfarçando tolices místicas com pitadas de ciência médica a fim de conferir algum peso às bobagens proferidas.

O garoto Louis Drax (Aiden Longworth) sempre foi

propenso a acidentes desde o seu nascimento e ao completar 9 anos sofre uma queda que o coloca em coma. O médico Allan Pascal (Jamie Dornan), especialista em coma infantil, entra em cena para tentar reverter o quadro do garoto e acaba envolvendo-se nos segredos da família Drax.

Como dito no início desse texto, o filme não consegue adotar um tom, mostrando-se tão irregular que pode até causar gargalhadas de forma involuntária em algumas trechos. Na verdade é difícil não rir quando Jamie Dornan está em cena: o ator, famoso por seu papel como Christian Grey em Cinquenta Tons de Cinza, demonstra aqui toda a sua falta de talento como artista, com olhares e trejeitos de fazer corar qualquer ator amador.

Além de nos brindar com o carisma e expressão de Dornan, A Nona Vida de Louis Drax tem um final previsível e tolo, sem citar a desonestidade de misturar mitologia sobre além vida com medicina real, causando justamente o efeito contrário ao desejado - ao invés de conferir realismo à sua ficção acaba transformando todos os personagens profissionais da saúde em idiotas facilmente manipuláveis, sendo impossível levar a estória minimamente a sério.

Tudo isso torna a obra um caça-níqueis mirando os fãs de Jamie Dornan e dos chamados livros de autoajuda; se o público de A Nona Vida de Louis Drax for realmente esse, eles acharão exatamente a qualidade e profundidade que procuram.

Nota: 2/5

13/11/2017

O Exorcista (1973)

The Exorcist

Até hoje, mais de 40 anos depois, O Exorcista ainda é assustador e não só por conta das cenas extremamente convincentes da possessão de Regan (Linda Blair), mas por toda a atmosfera criada na sua primeira metade que faz que, como o padre Karras (Jason Miller), nos assustemos até com o simples toque de um telefone.

Há outras coisas a se observar em O Exorcista além das bem construídas cenas de horror. Os personagens foram desenvolvidos de forma que cada um tenha o seu próprio demônio: o padre Karras com a perda da sua fé e o sentimento de culpa pelo abandono e falecimento de sua mãe, Chris (Ellen Burstyn) com seu divórcio e a conturbada relação com o ex-marido e pai de Regan, o exorcista Merrin (Max von Sydow) com a morte a sua espreita por conta da doença crônica. A menina Regan, pura e ainda sem temores próprios para se assombrar, foi a vítima perfeita do diabo e o fato da possessão ser em uma criança potencializa o terror e o choque causados por O Exorcista.

Para intensificar ainda mais o medo, várias imagens de demônios são exibidas de forma rápida, quase subliminar. Ao assistirmos no home video a tendência é voltarmos a cena e conferirmos o que achamos ter visto; imagino o efeito disso no cinema, onde seria impossível termos certeza absoluta do que foi exibido, aumentando o desconforto de forma a tornar toda a experiência mais poderosa.

O Exorcista envelheceu muito bem mesmo nos quesitos efeitos especiais e maquiagem, que continuam convincentes mesmo na era digital. O seu ritmo cadenciado, longe de causar monotonia, vai incrementando o incômodo e o pavor na plateia preparando a apoteose do exorcismo do trecho final.

Até para os descrentes, que enxergam deus e o diabo como figuras mitológicas, assistir O Exorcista durante a noite e sozinho é um desafio.

Nota: 4/5

14/11/2017

Túmulo Sinistro (1964)

The Tomb of Ligeia

Dirigido por Roger Corman, o mestre do filme B, Túmulo Sinistro apresenta as qualidades e defeitos típicos desse tipo de obra: tem um excelente argumento baseado em um conto de Edgar Allan Poe, algumas (poucas) boas ideias mas também nos brinda com momentos que causam risos involuntários.

Verden Fell (Vincent Price) é obcecado por sua já falecida esposa Ligeia e enxerga a companheira morta em sua atual noiva, Rowena Trevanion (Elizabeth Shepherd). A partir daí a trama se desenrola deixando em dúvida se Ligeia está realmente morta, se Verden está louco e se há algum elemento sobrenatural envolvido. O visual de Verden, muito parecido com uma estrela do rock, é um dos grandes acertos. Por outro lado, a interpretação de Price está exagerada e afetada em excesso, o que pode até ter sido proposital mas ajuda a aumentar a sensação farsesca da obra.

O filme provavelmente é o recordista de arremesso de gatos pretos em pessoas, havendo pelo menos dez cenas na obra em que isso ocorre. A falta de criatividade na decupagem chega a incomodar depois de algum tempo e o único sentimento que essas cenas provocam é aflição pelo bem estar do felino. Como já citado, é difícil evitar o riso ao vermos o gato pulando no rosto de alguém pela terceira vez nos últimos 5 minutos, tudo sendo assistido por um Vincent Price canastrão ao extremo.

Túmulo Sinistro distrai, principalmente pela força de sua estória, porém a imersão se torna quase impossível frente aos problemas apontados, ficando no meio do caminho entre uma obra de terror e comédia (ainda que involuntária). A obra de Poe merecia coisa melhor.

Nota: 2/5

15/11/2017
Liga da Justiça (2017)
Justice League

Liga da Justiça tem a complicada missão de consolidar o universo cinemático da DC e tentar fazer o público esquecer de obras constrangedoras como Esquadrão Suicida e Batman vs Superman, aproximando-se mais da atmosfera de Mulher-Maravilha. O objetivo é alcançado, embora sem brilho, em um filme divertido e correto, mas que mostra claramente que os filmes de super-heróis estão chegando a um ponto de saturação.

Batman (Ben Affleck) decide montar uma equipe para combater ameaças ao planeta Terra, como por exemplo o vilão Lobo da Estepe ou Steppenwolf (voz de Ciarán Hinds). O Superman (Henry Cavill) está morto e aí começam os problemas: todos já sabem de antemão que o kryptoniano Kal-El ressuscitará de alguma forma e isto, ao invés de criar algum suspense à trama, é uma grande e inútil distração. A sensação é que o homem de aço não participa de Liga da Justiça desde o início apenas para dar alguma vantagem ao vilão, já que a presença do superman desde o início não só tornaria tudo mais fácil como impossibilitaria todo o desenvolvimento da trama. O que realmente mantém o interesse não são as burocráticas e previsíveis cenas de ação mas os personagens secundários, principalmente Aquaman (Jason Momoa) e Flash (Ezra Miller). O primeiro com sua personalidade e o segundo funcionando como alívio cômico, tirando a sisudez tão característica e criticada dos outros filmes da Warner/DC.

A estrutura da obra mostra que depois de tantos filmes de heróis feitos nos últimos anos já não há muito como surpreender, repetindo a fórmula de um vilão poderoso com milhares de capangas sem rosto feitos apenas para protelar a conclusão da estória. Há também, claro, o embate entre os mocinhos, o que já é uma tradição nos filmes de grupos de super-heróis. Todos esses fatores causam uma incômoda sensação de déjà vu - já vi esse filme antes mas com outros personagens.

Liga da Justiça é uma boa distração mas não passa disso e não posso negar que depois de ver tantas estórias da Marvel e da DC confesso que fiquei entediado em muitos momentos do filme, não só por já imaginar (acertadamente) como as coisas de desenvolveriam mas também pelo vazio das cenas, desenhadas de forma a bombardear sensorialmente a plateia mas sem levar a lugar algum. Chegou a hora dos heróis tirarem longas férias.

Nota: 3/5

16/11/2017

O Homem dos Olhos de Raio-X (1963)

X

Seu sobrenome é Xavier e tem poderes que o permitem enxergar coisas além dos seres humanos comuns. A primeira vista parece ser o Professor Charles Xavier dos X-Men (personagem criado em 1963, outra coincidência) mas na verdade é o Dr. James Xavier (Ray Milland) de O Homem dos Olhos de Raio-X que, através de suas pesquisas com um colírio especial, adquiriu a habilidade de enxergar em outras frequências do espectro além da visível, inclusive frequências altas como a dos raios X.

A obra mostra toda a habilidade do mestre do filme B, Roger Corman, de produzir filmes divertidos com poucos recursos. A limitação é notada nos cenários e locações, o que é compensado pela boa maquiagem principalmente dos olhos transformados de James e pela criatividade, como vemos logo na abertura que já mostra à plateia o que esperar, com um longo plano de quase 1 minuto de um globo ocular humano flutuando na tela - imagino as pessoas gritando ou sentindo desconforto nos drive-ins em 1963. A trama é ágil e com um ritmo excelente, sendo acertada a decisão de manter a sua duração relativamente curta, com apenas 79 minutos. Há uma certa canastrice principalmente na mise-en-scène de algumas sequências, como na luta do Dr. Xavier com o seu colega Dr. Sam (Harold J. Stone) que resulta em um acidente inverossímil e alguns momentos cômicos, como James vendo todos dançarem nus em uma festa, mas no geral a imersão é bem feita e convincente.

O Homem dos Olhos de Raio-X é cheio de boas ideias e podemos até enxergar nele alguns signos filosóficos, principalmente pelo seu final que transmite a ideia de que enxergar absolutamente tudo não e uma boa ideia, nos levando a concluir que conhecimento não é sinônimo de felicidade. Nenhuma novidade, mas nos lembra o que sempre fazemos questão de esquecer na tentativa de sermos felizes.

Nota: 3/5

17/11/2017

1922 (2017)

1922

1922 é objetivo e assustador ao contar sem rodeios a estória de Wilfred James (Thomas Jane), que decide matar a própria esposa por conta da decisão da mulher de pedir o divórcio e vender sua parte da fazenda da família. Para piorar, ele convence o próprio filho Henry (Dylan Schmid) a ser cúmplice do crime.

Tudo acontece rapidamente e ao fim do primeiro ato todas as peças já estão posicionadas para testemunharmos a derrocada de Wilfred. A partir do momento em que o crime é cometido os ratos passam a ser uma presença constante, representando tanto a podridão na qual o protagonista mergulhou quanto o seu sentimento de culpa.

1922 é um ótimo exemplo de uma trama relativamente simples mas bem contada, atingindo o seu objetivo de mostrar um terror bem real - o perigo pode morar na sua casa e dividir a sua cama - mesmo com elementos que podem ser vistos como sobrenaturais (ou não, já que poderiam muito bem ser apenas fruto da imaginação e culpa de James). Sem ser pedante ou querer demonstrar ser mais do que é e indo direto ao ponto, 1922 é uma das melhores adaptações para o cinema da obra de Stephen King.

Nota: 4/5

18/11/2017

Demônio de Neon (2016)

The Neon Demon

Demônio de Neon é estranho: às vezes genial, com seus signos e fotografia e às vezes irritante, com sua pretensão excessiva e cenas em câmera lenta esteticamente desprezíveis. Essa irregularidade não permite que Demônio de Neon seja um grande filme, mas um bom com grandes momentos.

Jesse (Elle Fanning) muda-se para Los Angeles para tentar trilhar uma carreira de modelo e a sua beleza permite que ela avance mais rapidamente do que o normal no ambiente fashion, o que provoca a inveja de sua colegas modelos. A fotografia da obra colore as cenas com tons azuis, vermelhos, alaranjados, expressando ou a atmosfera do que está por vir ou o espírito do personagem naquele determinado momento, sendo sem dúvida um dos destaques.

A protagonista Jesse muitas vezes é associada a triângulos - ela enxerga triângulos feitos de neon e sua imagem é triplicada diversas vezes por espelhos - levando a diversas interpretações: seria ela um anjo, um demônio - o próprio demônio de neon, sua personalidade seria fragmentada ou ainda a sua beleza e magnetismo teria sido potencializada por ele ter devorado outras modelos (assista o filme até o final para entender)?

O final de Demônio de Neon pode desagradar por explicitar a natureza fantástica de alguns elementos que anteriormente poderiam ser interpretados como naturais ou fruto de alucinações. Porém ao encararmos a forma fabulesca com que a estória foi contada a sua conclusão não é incoerente com o restante da obra que, mesmo não sendo excelente, não permite a indiferença de quem a assiste.

Nota: 3/5

19/11/2017

Ace Ventura - Um Detetive Diferente (1994)

Ace Ventura: Pet Detective

O humor de Jim Carrey não é uma unanimidade e o ator costuma ser rotulado desde "sem graça e abusa das caretas" até "uma cópia mal feita de Jerry Lewis". Para aqueles que não sentem ojeriza por Carrey, Ace Ventura é uma comédia maluca razoável, com humor de desenho animado e estória absurda mas que combina bem com o espírito da obra.

O golfinho SnowFlake, mascote do time de futebol americano Miami Dolphins, é raptado pouco antes do Super Bowl (final do campeonato). Para resolver o crime é contratado um detetive especializado em casos envolvendo animais, Ace Ventura (Jim Carrey). Ace passa a seguir as pistas, obviamente fazendo muitas caretas, revelando uma trama que não faz o menor sentido mas isso aqui não tem importância, já que os acontecimentos que levaram ao rapto de SnowFlake geram boas piadas. Para o bem e para o mal, a interpretação de Carrey é o destaque absoluto, compondo o personagem Ace Ventura como se fosse um personagem de animação, com seus exageros físicos e aparentando a invulnerabilidade típica dos heróis dos cartoons.

Ace Ventura é o tipo de filme que provoca sentimentos de amor ou ódio, dependendo de quanto se gosta ou não do seu astro, Jim Carrey. Se você não sente asco com as caras e bocas do comediante, Ace Ventura é um passatempo agradável.

Nota: 3/5

20/11/2017

A Missão (1986)

The Mission

A fé pura e idealista versus a fé moldada como uma corporação, a escolha entre ser aculturado ou escravizado; esses são os temas de A Missão, que conta a estória de monges jesuítas protegendo os índios dos portugueses escravagistas na América do Sul.

Os índios, assim como os padres jesuítas, são vistos de forma romantizada em A Missão e tratados quase como se fossem os herdeiros do paraíso da mitologia bíblica. Já os colonizadores são vilões absolutos e sem emoções, capazes de matar a sangue frio bebês e mulheres grávidas por interesses financeiros. Por conta disso, mesmo se enxergarmos a imposição da religião católica com olhos críticos - é doloroso vermos os índios vestidos como coroinhas e tendo seus cérebros lavados pelos dogmas da Igreja - a opção aos padres é a escravidão e os abusos de toda natureza. Enquanto os colonizadores objetificam os índios, o que permite qualquer ato bárbaro, aos menos os padres os subjetivizam, mesmo que para conseguir mais ovelhas para o rebanho.

Como não poderia ser em um filme com composições do Maestro, um dos pontos altos da obra é a música de Ennio Morricone, que emociona e cria a atmosfera mágica e mística necessária. Não à toa, os índios fazem seu primeiro contato amistoso com os brancos quando o Padre Gabriel (Jeremy Irons) toca no seu oboé o tema composto por Morricone, criando um vínculo através da música utilizando a mesma ideia de Contatos Imediatos do Terceiro Grau de 1977.

A Missão tem imagens belíssimas e cheias de simbolismo, como icônica cena do padre preso a uma cruz despencando de uma cachoeira, além de intepretações de atores no auge, como Robert de Niro e o seu Rodrigo Mendoza, o ex-caçador de índios que se converte e passa a proteger os selvagens. A soma de tudo isso produz uma obra emocionante que só não é perfeita por conta de pequenos problemas de ritmo no seu miolo. E não canso de citar a trilha sonora de Morricone, capaz até de seduzir selvagens no meio da floresta - imagine o que ela faz conosco.

Nota: 4/5

21/11/2017

O Assalto ao Trem Pagador (1962)

O Assalto ao Trem Pagador

Filmes Heist são um tipo específico de filmes de crime que mostram a elaboração, preparação e execução de um plano criminoso, seja um assalto, um resgate de presos ou um golpe em um cassino. O ótimo filme brasileiro O Assalto ao Trem Pagador não se concentra no golpe em si, mas nas consequências dessa ação nas vidas dos envolvidos, um pós-heist.

Um grupo de bandidos assalta o trem pagador liderados por Tião Medonho (Eliezer Gomes) e Grilo (Reginaldo Faria); os bandidos combinam de serem discretos em relação ao dinheiro para não levantar suspeitas e os conflitos começam no exato instante em que o assalto é concluído.

A obra começa com o assalto e com estética e temática de um filme norte-americano - a polícia dentro do universo diegético diz ter a convicção que o crime foi cometido por estrangeiros pelo modus operandi. Mas isso logo se dissipa e por detrás da trama criminosa enxergamos a verdadeira intenção do filme, de ser uma crítica social discutindo preconceito, pobreza, a inevitabilidade do crime para algumas camadas da população e a ausência de poder e assistência do estado nas favelas já nessa época, 1962, permitindo o aparecimento de justiceiros e lideranças com vocação para o crime.

As interpretações são magistrais com destaque óbvio para os dois líderes, não por coincidência um branco e outro negro, o que gera diversos conflitos e uma cena antológica, onde Grilo destila o seu preconceito afirmando que Tião, por ser negro e favelado, não merece uma vida digna que o dinheiro pode comprar - imagino quantas "pessoas de bem" não vibraram concordando intimamente com o discurso de ódio de Grilo.

Ao final conclui-se que o crime não compensa, mas isso é só uma parte da verdade. Frente as condições de vida daquelas pessoas, talvez o crime seja a única solução ou pelo menos a perseguição de um sonho de uma vida rica e melhor, sonho esse que inevitavelmente acaba mal para os sonhadores. Cachaça, personagem de Grande Otelo, faz o seguinte discurso (bêbado é claro) quando vê um pequeno caixão de criança descendo o morro: "quando morre uma criança na favela todo mundo devia de cantar, é menos um pra se criar nessa miséria". Esse sentimento talvez resuma a opção pelo crime, em um filme que infelizmente continua atual.

Nota: 5/5

22/11/2017

OtherLife (2017)

OtherLife

Através de uma droga (ou software biológico como é chamado no filme), o usuário entra em uma realidade virtual onde o tempo é expandido, ou seja, um minuto real pode transformar-se em 24 horas ou 6 meses dentro do espaço virtual, que pode ser um ambiente qualquer criado pela programação, como uma estação de esqui, uma praia ou uma prisão. Essa é a premissa básica de OtherLife, boa mas já explorada de forma mais interessante por obras como por exemplo o seriado Black Mirror.

O problema de OtherLife é principalmente a falta de criatividade dos realizadores. As possibilidades da tecnologia sugerida são infinitas: imagine poder, em algumas horas, cursar um curso superior, aprender uma língua ou até mesmo adquirir anos de experiência em alguma área de conhecimento. Porém em OtherLife tudo limita-se a cadeias - o preso cumpre a sua pena rapidamente do ponto de vista externo - ou espaços virtuais recreativos insossos como pistas de snowboard vazias - com o software poderíamos visitar Saturno, mas ficar em pé em uma prancha e cair na neve obviamente é mais divertido. Além disso as decisões dos personagens, gênios da informática e biologia, não têm lógica alguma com um agravante: depois da primeira virada da trama, ao fim do primeiro ato, o roteiro acaba se auto sabotando criando uma situação onde ou a reviravolta final é obvia ou a trama não faria o menor sentido, destruindo qualquer tentativa de causar surpresa ou criar tensão.

Do ponto de vista estético, OtherLife exibe imagens bonitas mas com a personalidade de uma imagem background (de fundo) do Windows, ou seja, toda a fotografia da obra parece ter sido inspirada em algum site de imagens gratuitas da internet. Na sua conclusão, OtherLife proporciona algum prazer ao vermos a punição do vilão Sam (T.J. Power), mas nada que compense o sofrimento de vermos a falta de expressão da heroína Ren (Jessica De Gouw) durante toda a duração do filme - 96 minutos que parecem 4 horas. No final das contas a droga também fez efeito na audiência.

Nota: 2/5

23/11/2017

Invasão Zumbi (2016)

Busanhaeng

Zumbis que correm atrás de suas vítimas ao invés de rastejar, não tem os corpos desmanchados por uma simples pancada e andam em bandos de centenas, de forma amontoada como insetos. Não estou falando de Guerra Mundial Z mas de um filme bem melhor, o coreano Invasão Zumbi, que encara a mitologia zumbi de uma forma diferente, crua e dinâmica.

Seguindo a fórmula dos filmes catástrofe, alguns personagens são apresentados para os acompanharmos em uma viagem de trem entre as cidades sul-coreanas de Seul e Busan. O formato não traz novidades mas a forma como tudo é apresentado e desenvolvido beira a perfeição. As cenas transmitem de forma precisa todo o caos causado pela infecção, causando tensão e aflição mesmo sendo relativamente fácil imaginar quais personagens não morrerão - pelo menos até certo ponto da estória.

Alguns pontos da trama lembram The Walking Dead ao mostrar que os humanos são tão ou mais perigosos que os zumbis, mas no geral o perigo vem mesmo é dos infectados, sempre caçando em grande número e sendo extremamente rápidos. Essas características dos zumbis de Invasão Zumbi permitem a criação de sequencias memoráveis, como a primeira parada do trem em uma estação infestada e os monstros perseguindo o trem fazendo uma ponte com os próprios corpos, da mesma forma que algumas espécies de formigas o fazem no mundo real.

Não há tema que não permita uma abordagem nova e bem feita, mesmo um assunto tão explorado como os zumbis e Invasão Zumbi é uma prova disso. A atenção ao detalhes, ótima execução e a coragem de se assumir como um filme de zumbis sem querer impor uma suposta e artificial profundidade, tudo isso faz de Invasão Zumbi um grande filme.

Nota: 4/5

24/11/2017

Robinson Crusoé em Marte (1964)

Robinson Crusoe on Mars

O Comandante Draper (Paul Mantee), em missão espacial, acaba preso no planeta Marte por conta do mal funcionamento de sua espaçonave. Acompanhado da macaca Mona (Woolly Monkey) ele tem de enfrentar os desafios de encontrar abrigo, alimentos e principalmente oxigênio para sobreviver no ar rarefeito (segundo o filme) de Marte.

Robinson Crusoé em Marte envelheceu muito mal em termos visuais, ainda mais se levarmos em conta que não é tão velho assim - foi realizado em meados da década de 1960. A imersão torna-se difícil quando vemos tantas sequências mal realizadas que poderiam ser evitadas com uma decupagem mais inteligente. Ao abstrairmos esse problemas, a primeira metade do filme mantém o interesse com uma trama bastante semelhante a Perdido em Marte de 2015, com um astronauta tendo de sobreviver em um ambiente hostil com poucos recursos e muita criatividade. Alguns conceitos interessantes são explorados como a extração de oxigênio das rochas, técnica já considerada pela NASA para a colonização da Lua.

Na sua segunda metade a obra abraça a ficção completa, com extraterrestres, naves e raios mortais. A partir dessa virada tudo torna-se ainda mais artificial: como acreditar em uma estória onde um humano faz o primeiro contato com vida inteligente e age como se nada especial houvesse ocorrido? Isso sem contar a aparência dos ETs, coincidentemente exatamente iguais aos humanos.

Talvez se fosse mais curto e mais sério, Robinson Crusoé em Marte poderia ser um bom filme, mas errou ao incluir elementos de uma fantasia incoerente e infantilizada.

Nota: 2/5

25/11/2017

Com Amor, Van Gogh (2017)

Loving Vincent

O que torna Com Amor, Van Gogh uma obra única é a sua fotografia totalmente feita através da técnica de rotoscopia (animação tendo como base material filmado), o que transforma os planos em uma sequência de quadros de Van Gogh animados, criando um visual deslumbrante e nunca visto. Mesmo outros filmes trabalhados com a mesma técnica, como por exemplo O Homem Duplo de 2006, não produzem efeito tão impactante.

A trama segue Armand Roulin (Douglas Booth) que parte em missão para entregar uma carta do já falecido Vincente Van Gogh (Robert Gulaczyk) para o irmão do pintor, Theo (Cezary Lukaszewicz). Durante a jornada, Armand conversa com pessoas que se relacionaram com Van Gogh e através dos relatos reconstrói as últimas semanas de vida do artista, exibidas utilizando-se de flashbacks para as diferentes versões. O formato adotado é o ponto fraco da obra: provoca quebra no ritmo, transforma

Armand Roulin em uma espécie de detetive amador e principalmente as versões são muitas semelhantes - o que acaba as tornando redundantes - e em preto e branco, ao contrário da parte do filme que se passa no presente diegético, tendo pouco impacto visual.

As sequências em preto e branco tem duas explicações possiveis: aumentar o impacto das coloridas (o que julgo desnecessário já que elas são fantásticas e não precisam de destaque artificial) ou foram feitas desta forma por conta de limitações de orçamento e prazo. Explico: as cenas em preto e branco tem o visual bem mais simples e podem muito bem ter sido finalizadas de forma automatizada, por sofwares que as deixaram com aparência de pinturas; já as coloridas foram pintadas a mão por cerca de 100 artistas emulando o estilo de Van Gogh - possivelmente seria inviável realizar o filme todo com o visual colorido proposto.

Mesmo com uma estrutura que não me agrada, o trabalho envolvido e a atenção aos detalhes em Com Amor, Van Gogh impressionam. Cerca de 100 pinturas do artista são retratadas, além do visual dos personagens, todos retirados de quadros de Van Gogh. Mesmo se não tivesse estória ou diálogos, Com Amor, Van Gogh ainda seria digno de aplausos.

Nota: 4/5

26/11/2017

O Império do Desejo (1981)

O Império do Desejo

As boas intenções, demonstradas pelas bandeiras levantadas por O Império do Desejo, não salvam a obra do desastre por conta da sua falta de tom, precariedade, interpretações ruins e piadas dignas de colegiais.

Há boas ideias na estória da viúva rica Sandra (Meiry Vieira) que viaja ao litoral para retomar uma casa do seu antigo marido invadida por posseiros, porém elas estão diluídas entre as cenas de sexo feitas para atrair mais público para o cinema - em uma era pré internet o sexo ainda era utilizado para capturar a audiência - e tentativas de humor que não causam risos mas constrangimento.

Os vários tipos que desfilam na tela ilustram a sociedade da época e temos a jovem senhora da sociedade, o advogado malandro, a falsa puritana, o profeta maluco A atmosfera é alegórica e temas atuais são discutidos: a hipocrisia dos moralistas, que na primeira oportunidade abraçam o que eles consideram imoral, a ideia de que se alguém não tem um rótulo atribuído pela sociedade ela é maluca, além da defesa de ideias como a ineficácia de sufocarmos os desejos.

Mesmo com esses conceitos interessantes, é difícil extrair esse signos da obra, sufocada pelo amadorismo. Sem se definir se é um filme erótico ou uma comédia sem graça, O Império do Desejo parece melhor sendo discutido do que assistido.

Nota: 2/5

27/11/2017

Assassinato no Expresso Oriente (1974)

Murder on the Orient Express

Baseado no romance homônimo de Agatha Christie, Assassinato no Expresso Oriente tem como destaque, além de obviamente a trama engenhosa da escritora inglesa, o elenco de grandes astros incluindo Ingrid Bergman, Lauren Bacall, Sean Connery, Vanessa Redgrave, Michael York e Albert Finney como Hercule Poirot entre outros.

Um assassinato ocorre dentro do trem Expresso Oriente e cabe ao detetive Hercule Poirot descobrir a identidade do criminoso e o motivo. A estória é bastante fiel ao livro - em obras baseadas nos romances de Agatha Christie não poderia ser diferente - e a única grande diferença ocorre na abertura do filme, que mostra os detalhes do sequestro e assassinato da menina Daisy Armstrong. Esse evento move toda a trama mas considero um erro a sua revelação prematura, pois dessa forma já esperamos que o assassinato que ocorre no trem esteja relacionado de alguma forma com os Armstrong - no livro isso é revelado conforme a investigação avança. Entendo os motivos dessa decisão dos realizadores - reduzir o número de diálogos expositivos - mas o custo foi a diminuição do prazer da descoberta, como se começássemos a montar um quebra-cabeças com as bordas já finalizadas.

Mesmo com esse pequeno deslize, é prazerosa e recompensadora a forma inteligente como as peças se encaixam e permitem que um crime complexo e altamente elaborado faça sentido. No final das contas, mesmo com o número de astros envolvidos na produção, a estrela máxima de Assassinato no Expresso Oriente é Agatha Christie.

Nota: 3/5

28/11/2017

Frank (2014)

Frank

Frank é um bom filme inspirado na vida do músico e comediante Chris Sievey, que costumava apresentar-se utilizando uma máscara. A obra provoca reflexões sobre o culto a personalidade, busca (ou ocultamento) da própria identidade e o que rotula uma pessoa como gênio, as suas realizações ou a opinião dos que estão a sua volta?

Jon (Domhnall Gleeson) é um jovem músico frustrado e por obra do acaso torna-se o tecladista da banda Soronprfbs, liderada pelo misterioso Frank (Michael Fassbender). Frank, que é considerado um gênio pelos integrantes da banda nunca tira a máscara, uma grande cabeça feita de papel machê que lembra um desenho infantil.

A obra mescla momentos engraçados e dramáticos de forma balanceada e suscita discussões interessantes: a genialidade de Frank é real ou é apenas fruto da imaginação de seus seguidores? A máscara é um personagem encarnado de forma permanente, um disfarce ou uma negação da identidade real de Frank? Outro ponto a se destacar é o desenho da máscara, com grandes olhos que parecem observar tudo com atenção ao mesmo tempo que são tristes e vazios, refletindo a alma do músico.

Para saber se Frank é maluco ou não você precisará assistir à obra mas uma dica é a comparação, feita dentro do filme, do personagem com Syd Barrett do Pink Floyd - quem conhece a história da lendária banda já imagina o estado mental de Frank. Mas a melhor comparação seria com Arnaldo Baptista da banda Os Mutantes (a sua história foi muito bem contada no excelente documentário Loki de 2008), que como Frank mescla genialidade com uma personalidade frágil e docemente infantil.

Nota: 4/5

29/11/2017

O Resgate do Bandoleiro (1957)

The Tall T

Com produção simples, O Resgate do Bandoleiro destaca-se pela complexidade psicológica dos seus personagens, priorizando a relação entre eles em detrimento da ação. A obra, dirigida por Budd Boetticher, faz parte do chamado Ciclo Ranown, uma série de sete faroestes do diretor estrelados por Randolph Scott e com temas em comum.

O rancheiro Brennan (Randolph Scott) é sequestrado por bandidos juntamente com a herdeira de valiosas minas de cobre Doretta Mims (Maureen O'Sullivan), por quem os bandidos exigem o pagamento de resgate. A estória é simples mas não os personagens, desenvolvidos de maneira tão hábil - ainda mais se considerarmos a curta duração do filme, apenas 78 minutos - que conseguimos imaginar as suas motivações e até as suas histórias pregressas, mesmo dos que têm pouco tempo na tela. Brennan com sua solidão, firmeza de caráter e vontade de vencer por conta própria e o seu antagonista Frank (Richard Boone), o líder dos bandidos que ao lado da frieza assassina mostra traços de arrependimento e até de bondade, exibindo uma personalidade complexa e enigmática. Há também Doretta, que não se enquadra nos padrões esperados para uma mocinha de faroeste, mais madura e sem apresentar uma beleza estilizada, além de expor os seus medos mais íntimos.

Indo direto ao ponto sem oscilações de ritmo, O Resgate do Bandoleiro é econômico - no bom sentido - também no seu final, acabando exatamente após os heróis cumprirem seus objetivos. Como dizia Hitchcock, depois do mocinho matar o bandido e beijar a mocinha não há mais o que fazer para prender a atenção do público e o filme deve acabar; O Resgate do Bandoleiro faz tudo certo, da forma que o mestre ensinou.

Nota: 4/5

30/11/2017

O Mundo de Andy (1999)

Man on the Moon

A qualidade e eficiência do humor de Andy Kaufman são discutíveis, já que muitas vezes só o próprio comediante (ou como ele se definia artista de performance) se divertia com suas piadas. Mas duas coisas são indiscutíveis: a riqueza de Andy como personagem e a forma como ele sempre surpreendia o público, não interessando se de forma positiva ou negativa.

O Mundo de Andy, de Milos Forman, conta a história do comediante desde o seu surgimento, contando piadas infantis e imitando Elvis Presley, até a sua morte prematura causada pelo câncer. Andy é interpretado de maneira espantosa por Jim Carrey, que incorporou Kaufman de tal forma que seus colegas de cena, muitos deles já tendo trabalhado com Andy Kaufman no seriado Taxi da década de 1970, sentiram-se assustados e intimidados.

Toda a trajetória e criações de Andy são surpreendentes: o personagem Tony Clifton, cantor grosseiro e decadente que ele jurava ter vida própria; a sua capacidade de levar o público ao limite, por exemplo lendo um livro inteiro no palco para castigar uma plateia impertinente; a luta livre sempre contra mulheres (ele se auto intitulava o campeão mundial na categoria intersexual), que ele passou a praticar para chocar e desafiar ainda mais o seu público. Todas as brincadeiras eram levadas à sério e muito bem armadas, não levantando suspeitas sobre a atuação dos envolvidos, como quando Andy provocou e lutou contra o campeão de luta livre Jerry Lawler fazendo parecer por muito tempo que eram realmente inimigos e que Kaufman havia realmente se machucado - tudo foi combinado entre os dois desde o início.

Sua fama de embusteiro era tamanha que ninguém acreditou quando anunciou estar com câncer, nem mesmo a sua família - há até uma teoria que diz que ele estaria vivo e tudo teria sido mais uma piada, mas isso não foi comprovado. E o mais irônico é que, ao buscar ajuda em tratamentos alternativos como cristais ou cirurgias espíritas, percebeu que os curandeiros eram todos como ele, interpretando papéis e pregando peças de forma elaborada para que todos acreditassem.

Em determinado momento Andy, já doente e encarnando Tony Clifton, diz que quanto mais Kaufman enfraquece mais ele - Clifton - se fortalecia.

Não poderia ser mais preciso, já que a morte transformou Andy Kaufman em uma lenda.

Nota: 5/5

01/12/2017

Jim & Andy: The Great Beyond (2017)

Jim & Andy: The Great Beyond

O documentário Jim & Andy: The Great Beyond mostra os bastidores das filmagens de O Mundo de Andy (1999), a biografia de Andy Kaufman, focando em como Jim Carrey foi dominado pela personalidade de Kaufman não saindo do personagem durante todo o tempo da produção, agindo e vivendo como Andy.

Se somente as cenas de bastidores fizessem parte do documentário ele seria tão bom quanto O Mundo de Andy, porém para vermos cenas emocionantes como o encontro de Carrey, como Andy, com a família Kaufman temos de aturar Jim Carrey filosofando e dando conselhos como se estivesse lendo um livro de autoajuda - ver um astro milionário reclamando da vida é extremamente incômodo e desagradável para qualquer pessoa comum.

Abstraindo esse ponto negativo há muitas coisas especialmente inspiradas no documentário, como o paralelo da interpretação extrema de Carrey com o filme O Show de Truman (1998), onde ele interpreta Truman Burbank que nasceu e passa toda a sua vida em um filme, preso em uma eterna atuação, ou o segundo luto vivido pelos amigos de Andy ao fim das filmagens.

Mesmo com as reservas que tenho com esse tipo de documentário - será que tudo não passa de uma farsa muito bem realizada? - tudo é convincente o suficiente para acreditarmos que Carrey ficou realmente "possuído" por Andy Kaufman. E a conclusão é o único pensamento compartilhado pelo ator que vale a pena de fato: Carrey diz que foi difícil sair do papel pois sendo Andy ele se sentiu em paz, porque ele estava livre de... Jim Carrey! Muitos de nós adorariam ficar livres da própria persona por algum tempo, alguns para sempre.

Nota: 3/5

02/12/2017
O Monstro Dentro de Você (2016)
Antibirth

Normalmente tento ser otimista quanto a qualidade do filme que estou assistindo, tentando achar aspectos artisticamente positivos e significados não óbvios. É difícil manter esse sentimento com O Monstro Dentro de Você, sendo praticamente impossível achar qualidades ou signos interessantes na obra.

Lou (Natasha Lyonne), uma usuária dos mais diversos tipos de drogas lícitas e ilícitas, descobre estar grávida depois de participar de uma festa onde ela tem certeza não ter mantido relações sexuais. Como a estória poderia ser desenvolver a partir de então? Como uma versão moderna da mitologia cristã de Maria, como Godard fez em Je vous salue, Marie de 1985? Ou talvez com uma mensagem alertando sobre o perigo do consumo de drogas na gravidez? Nada disso, tudo se desenvolve como um misto de terror e ficção científica sem ritmo, sem sentido, sem suspense, sem horror.

Tudo fica ainda pior com o título em português que - atenção, spoiler adiante - revela o final ridículo, que mostra Lou dando à luz a uma cabeça (?!) monstruosa - sim, só a cabeça, o corpo vem em seguida, o que provoca o literal esvaziamento do corpo de Lou.

Se você ignorou o alerta de spoiler e tomou ciência da conclusão, digna dos filmes de terror feitos para home video na década de 1980, talvez evite assistir O Monstro Dentro de Você e perca apenas uma coisa: descobrir qual a sensação de uma bad trip.

Nota: 1/5

03/12/2017

Gata em Teto de Zinco Quente (1958)

Cat on a Hot Tin Roof

Baseado na peça de Tennessee Williams publicada em 1955, Gata em Teto de Zinco Quente conta a estória do casal Maggie (Elizabeth Taylor) e Brick Pollitt (Paul Newman), ele um ex-jogador de futebol americano alcoólatra e ela desprezada pelo marido. A obra trata de temas que continuam atuais e ganham novas dimensões com o advento de redes sociais como o facebook.

Brick e Maggie têm de lidar com os problemas do seu casamento e com a agitação da família Pollitt, abalada pela noticia de que o milionário patriarca Big Daddy (algo como Paizão) está com câncer terminal, o que abre espaço para uma disputa pela fortuna entre os irmãos Pollitt.

O filme pode parecer teatral demais à primeira vista mas é preciso reconhecer que o texto de Williams é um dos astros da produção, portanto ele deve ganhar o devido destaque - nota-se que sempre que possível, quando não está sendo travada uma batalha de palavras ente os personagens, as técnicas cinematográficas são bem utilizadas, afastando a ideia do teatro filmado.

Várias camadas de signos estão empilhadas no texto, como a disfarçada homossexualidade de Brick que despreza a esposa por conta de um suposto romance dela com o seu falecido amigo Skipper, quando na verdade tudo indica (lembrando que tudo é sugerido, nada é explícito) que Brick amava Skipper. A família Pollitt feliz, com os netos de Big Daddy (Burl Ives) cantando pela sua recuperação é totalmente falsa: o patriarca não suporta as crianças, os adultos estão interessados na herança e tudo não passa de um teatro de artificialidades, como as fotos de viagens que vemos atualmente no facebook que se esforçam para passar uma imagem de clã rico e vitorioso quando na verdade todos se odeiam.

Big Daddy talvez seja o personagem mais sincero e sábio da obra já que ele sabe que tudo é fingimento, mentir socialmente e interpretar papéis são as coisas que que os adultos fazem e Brick, que alega não suportar a falsidade, nada mais é do que uma criança de 30 anos - a dor de Brick pode ser explicada pela impossibilidade social de assumir a sua própria sexualidade. Ao final, Brick parece finalmente ter crescido e passa a fingir e a fazer o que todos esperam dele, nos mostrando que amadurecer para a sociedade é repetir o comportamento dos nossos pais e, numa necessidade de continuidade egocêntrica, gerar filhos.

Nota: 5/5

04/12/2017

Ardida como Pimenta (1953)

Calamity Jane

Ardida como Pimenta é um faroeste musical com dois grandes destaques: o seu visual, com cores deslumbrantes hiper-reais (mais belas do que a realidade) proporcionadas pelo technicolor e o talento de Doris Day, estrela absoluta cantando, dançando, fazendo rir e chorar.

Calamity Jane (Doris Day) veste-se e age como homem mas é apaixonada pelo Tenente Gilmartin (Philip Carey) e toda a trama desenvolve-se em torno da escolha que deve ser feita por Jane: manter a praticidade e vantagens dos modos masculinos em um ambiente como o oeste selvagem ou adotar a feminilidade imposta pela sociedade. Poderíamos enxergar nas entrelinhas uma exigência, feita pelos homens, da perda de protagonismo de Jane e consequentemente sua submissão, sob a pena de nunca ser enxergada como uma mulher mas como um "companheiro" de segunda classe, mas a obra é leve e não aprofunda nenhum desses temas, resolvendo tudo com uma canção como todo bom musical. Essa característica não diminui o filme pois ele nunca é desonesto com o espectador, demonstrando desde a sua abertura que o seu objetivo é de ser um entretenimento bem feito e bonito de se ver, sem examinar temas que podem ser complicados para alguns.

O oeste selvagem de Ardida como Pimenta é apresentado como se fosse um espetáculo, com violência e tiros sem consequências - a não ser para os índios mas aqui eles são objetificados - e é interessante notar como isso remete às origens dos filmes de faroeste cuja estética é mais baseada, pelo menos no início do cinema, nos show da caravana de Buffalo Bill do que na realidade. Outra ligação com esses shows é o fato de que a figura histórica de Calamity Jane (sim, ela existiu de verdade) trabalhou nas apresentações capitaneadas por Buffalo Bill.

Ardida como Pimenta é um ótimo exemplo de

cinema escapista de qualidade, divertindo e satisfazendo os nossos principais sentidos, visão e audição, deixando os críticos chatos falando sozinhos bobagens como igualdade de gênero e afirmação feminina.

Nota: 4/5

05/12/2017

Rango (2011)

Rango

Rango é uma animação que homenageia os faroestes, principalmente os filmes de Clint Eastwood e Sergio Leone como Três Homens em Conflito de 1966, mas achar as dezenas de referências cinematográficas (não apenas de faroestes) espalhadas em Rango não é a única diversão: a obra é recheada de boas ideias, excelente ritmo e inspirado desenho de produção.

O camaleão Rango (Johnny Depp) vive em um

aquário quando um acidente envolvendo o carro onde estava sendo transportado faz com que o réptil fique perdido no deserto. O nosso herói chega em uma cidade povoada de animais do deserto chamada Dust (poeira), onde uma crise está em curso por conta do desaparecimento da água, tratada como se fosse dinheiro, incluindo a existência de um banco de água.

A metalinguagem está presente em toda a obra começando pelo protagonista, um camaleão, que tal qual um ator pode mudar de cor - ou personalidade - conforme a situação. Mas Rango não cai na tentação das piadas óbvias, como seriam as de mudança de cor do personagem que não acontecem - na verdade ocorre em uma cena de forma bastante discreta e quase despercebida.

A água ser o "dinheiro" do deserto é uma escolha lógica e inteligente, movendo a estória que é uma clássica trama de especulação imobiliária lembrando em muito Era uma Vez no Oeste de 1968 (outro de Sergio Leone).

Todo o visual e muito inspirado, com a utilização de utensílios humanos de formas inusitadas pelas criaturas de Dust e pelos animais escolhidos como personagens, saindo dos óbvios mamíferos e focando em répteis e aves, o que faz todo o sentido em um ambiente árido.

Rango é impecável tecnicamente, com boa estória e

atuações - diferente do que é feito normalmente nas animações, as dublagens não foram gravadas em um estúdio de forma isolada mas captadas com os atores atuando segundo o roteiro, como se fosse um filme live action, o que confere às atuações mais naturalidade. Nas bastasse essas qualidades, rever Rango é sempre divertido dado o grande número de referências cinematográficas, permitindo que sempre se descubra uma nova ainda não percebida anteriormente - revendo o filme para esse texto descobri mais uma, do filme Arizona Nunca Mais - o que torna Rango obrigatório para todos os cinéfilos.

Nota: 5/5

06/12/2017

Terra em Transe (1967)

Terra em Transe

Para todos aqueles que acham que as práticas nefastas

do mundo da política são coisas recentes, Terra em Transe, que faz 50 anos agora em 2017, vai mostrar que muito pouca coisa mudou entre o Brasil sob regime militar da década de 60 e o Brasil atual.

O filme de Glauber Rocha mostra a convulsão social em meio às disputas políticas no fictício país sul-americano chamado Eldorado. O fisiologismo entre os políticos e a tríade igreja, indústria e jornalismo é a regra e não a exceção, muito parecido com um certo lugar que conhecemos.

A obra é fabulesca, soando às vezes como farsa, às vezes como uma ópera, onde todos são vilões inclusive a população, retratada de forma crítica como inerte e despreparada para escolher seus representantes, rezando e pedindo ajuda aos céus ao invés de agir.

O ritmo pode soar tedioso para alguns, já que há muito texto declamado pelos personagens, mas não há como negar a genialidade do roteiro que desnuda os principais vícios e hipocrisias brasileiros, como o senador vivido por Paulo Autran que, acusado de ter sido do partido extremista antes de tornar-se senador explica: "Sim, fui do partido extremista, mas depois encontrei deus"; ou o padre que exaltando a qualidade da Igreja diz: "O que seriam dos maias, astecas e incas sem os padres". O que mais assusta é que tanto na ficção quanto na vida real as pessoas que fazem tais afirmações possivelmente acreditem no que estão falando, o que torna esses indivíduos extremamente perigosos.

A conclusão inevitável ao observarmos o passado, o presente e projetarmos o futuro é que o Brasil vive nas trevas há muito tempo, muito mais do que 50 anos no passado e provavelmente continuará na escuridão muito mais do que 50 anos no futuro.

Nota: 5/5

07/12/2017

iBoy (2017)

iBoy

No jogo de videogame Watch Dogs de 2014 o jogador assume o papel de um hacker que controla celulares, câmeras, faz explodir bueiros e carros. O filme iBoy simplesmente copia todas as ideias do jogo, desde o que poderia ser facilmente modificado como o disfarce utilizando um lenço no rosto do hacker e a interface da realidade expandida visualizada pelo herói até as linhas virtuais de trajeto usadas para facilitar o deslocamento de carro pela cidade.

Com estória simplória - Tom (Bill Milner) leva um tiro e fragmentos do seu celular ficam alojados no seu cérebro, dando ao garoto o poder de controlar dispositivos eletrônicos - e recheada de clichês - não há polícia, os vilões são extremamente maus e os mocinhos bondosos e abobalhados - iBoy parece ter como único objetivo "homenagear" a sua fonte inspiradora e conseguir atenção da plateia gamer. Homenagear entre aspas, já que ele ultrapassa todos os limites do que poderíamos considerar como homenagem e descamba para o plágio - não entendo como a Ubisoft, produtora de Watch Dogs, não processou os produtores de iBoy.

Se não considerarmos o plágio iBoy já seria uma obra abaixo da média; levando em consideração o seu vergonhoso roubo de ideias iBoy não deve nem mesmo ser considerado ruim (até para ser ruim é necessário um pouco de criatividade), merecendo apenas a indiferença.

Nota: 1/5

08/12/2017

American Poltergeist (2015)

American Poltergeist

American Poltergeist rapidamente monta as bases da sua trama - alguns universitários alugam uma casa para ficarem próximos a faculdade e estranhas coisas começam a acontecer - deixando de lado o desenvolvimento dos personagens e por conta disso assumindo o risco da plateia não se importar com o destino de cada um deles. Em um primeiro momento a decisão me pareceu acertada, pois permitiria que a obra ganhasse ritmo e focasse no horror, mas não demorou para que eu percebesse que a estrutura adotada não foi fruto do planejamento feito durante a elaboração do roteiro ou da confecção do storyboard mas da falta de talento dos realizadores.

A profundidade dos personagens não é o único problema de American Poltergeist: a estória não faz sentido, os atores parecem estar fazendo teatro escolar, os clichês são uma constante e o pior, o filme não assusta nem provoca medo ou cria tensão.

Encontramos em American Poltergeist elementos

misturados de forma preguiçosa e aleatória dos principais subgêneros do terror como o sobrenatural, o psicológico e na sua parte final até o slasher (como Sexta-feira 13), quando o espírito passa a perseguir os jovens pervertidos (que estavam em uma festa transando e usando drogas) para executá-los.

American Poltergeist passa a impressão de ter sido feito por fãs de horror que quiseram utilizar em seu filme tudo o que eles admiravam em outras obras, faltando apenas copiar de suas fontes inspiradoras um mínimo de qualidade.

Nota: 1/5

09/12/2017

A Múmia (2017)

The Mummy

Toda a indústria visa o lucro e a cinematográfica não é diferente; os filmes são produtos cujo fim é gerar dividendos aos seus investidores, direta ou indiretamente. Isto nem sempre é um problema, já que o cinema desde os seus primórdios é um entretenimento barato feito para ser consumido por muitas pessoas e sustentar toda uma cadeia produtiva, de técnicos e atores aos projecionistas e lanterninhas. O problema ocorre quando a necessidade do filme ser um produto para vender e alavancar outras vendas sobrepuja a qualidade e capacidade de divertir, como é o caso de A Múmia.

A estória é antiga, a maldição da múmia egípcia Ahmanet (Sofia Boutella) despertada por um explorador, Nick Morton (Tom Cruise), mas há um outro objetivo maior por detrás do filme que acaba pondo tudo a perder: o estúdio Universal almeja, iniciando com A Múmia, construir um universo cinemático nos moldes do que a Marvel fez com os seus super-heróis, integrando e ligando diversos filmes reimaginando os seus monstros clássicos (Homem-Invisível, Lobisomem, Frankenstein entre outros), o chamado Dark Universe.

Com isso em mente, os roteiristas de A Múmia tiveram de criar uma estória de origem do monstro e introduzir a companhia Prodigium, que estuda e recruta criaturas fantásticas para combater algo ainda envolvo em mistério. Isso transformou A Múmia em um filme de ação genérico e insosso, onde não há preocupação com os personagens pois logo percebemos que mesmo os que morreram acabam voltando à vida, tornando todas as cenas de tiroteio e perseguição em sequências vazias e sem consequências, feitas apenas para preencher tempo. Tudo parece ter sido feito no piloto automático, passando a sensação de que o filme é um trailer de quase 2 horas dos próximos filmes do universo monstruoso.

Há algumas (poucas) boas ideias, como a contenção de Ahmanet feita utilizando-se mercúrio e seus olhos com a íris duplicada, mas esse lampejos não evitaram o fracasso comercial de A Múmia, o que fez a Universal repensar o Dark Universe, que agora corre o risco de ter um fim prematuro. Considerando-se a qualidade de A Múmia, ninguém sentirá falta de mais esse universo cinemático.

Nota: 2/5

10/12/2017

O Matador (2017)

O Matador

O Matador é um ótimo filme brasileiro no estilo faroeste tropicalizado, tendo como cenário o sertão nordestino e seus personagens característicos: os cangaceiros, os macacos (como eram chamados os soldados que combatiam os cangaceiros), os latifundiários acima da lei e obviamente os matadores.

O filme narra a vida de Cabeleira (Diogo Morgado), desde o seu nascimento até tornar-se um matador e além. A obra acerta em desenvolver a sua trama principal através das palavras de um contador de estórias, dando dessa forma à trajetória de Cabeleira uma aura de lenda, além de evitar questionamentos sobre a veracidade dos fatos narrados, afinal eles estão sendo contados segundo o ponto de vista de um terceiro que pode ter exagerado ou ter sido impreciso em alguns momentos.

Tudo no filme é bem feito, bem acabado - descontando-se uma ou duas cenas com efeitos especiais digitais que soam falsas - com destaque para a belíssima fotografia, a trilha sonora épica mas com personalidade, sem copiar os faroestes de Hollywood e as interpretações. Este último item é o mais complicado pelo grande número de atores e diversas crianças, o que torna ainda mais notável a direção de elenco.

Em O Matador quase todos os personagens são cruéis em algum nível, o que era de se esperar de qualquer um que tenha conseguido manter-se vivo até a idade adulta em um ambiente como aquele, o que mostra mais uma vez a habilidade da obra em levar a plateia a torcer por Cabeleira, que na verdade não era muito melhor do que aqueles que ele combatia.

Para completar O Matador apresenta um final surpreendente e satisfatório, mostrando que o Brasil pode fazer cinema de aventura com qualidade, divertindo sem ofender a inteligência do espectador.

Nota: 4/5

11/12/2017

Sam Was Here (2016)

Sam Was Here

Há filmes que deliberadamente criam um clima de mistério e incerteza, permitindo que os espectadores interpretem as imagens e a trama das mais diversas formas, projetando-se e utilizando as suas próprias experiências de vida para enxergar na obra uma gama de significados. O diretor David Lynch faz isso com maestria, criando filmes que perturbam ao mesmo tempo que fascinam e são relevantes artisticamente.

Sam Was Here mostra que não é fácil fazer filmes no estilo de David Lynch. Na obra, o vendedor ambulante Sam (Rusty Joiner) está tentando fazer negócios em uma cidade onde não há ninguém, uma estranha luz aparece no céu e tudo vai ficando cada vez mais estranho - ele não consegue falar com nenhum amigo ou familiar pelo telefone e passa a ser acusado de assassinato, obtendo informações através do único programa de rádio que consegue sintonizar.

O desenvolvimento da estória não é ruim e Sam Was Here consegue criar uma boa atmosfera de nervosismo e tensão, sendo impossível adivinharmos o desenrolar da trama. O grande problema é a conclusão, aberta a diversas interpretações mas sem nenhum charme ou elementos suficientes para ultrapassar a tênue linha entre o genial e o medíocre - no cinema esses dois opostos podem estar bem próximos dependendo do ponto de vista, como dois pontos em uma argola.

Ao final de Sam Was Here é difícil concluirmos se gostamos ou não do filme. Toda a trama e seus signos foram realmente pensados ou os vários elementos foram jogados aleatoriamente para iludir a audiência sobre uma suposta significação oculta? A forma como a estória é contada não é suficientemente consistente para que acreditemos na primeira hipótese.

Nota: 2/5

12/12/2017

Antiporno (2016)

Anchiporuno

Antiporno foi feito sob encomenda para ser um título dos chamados Roman Porno (filme pornográfico leve, sem sexo explícito e com uma estória, daí o nome que deriva de romance pornô) da produtora Nikkatsu. Porém o diretor Sion Sono entregou uma obra que subverte os Roman Porno, expondo a idiossincrasia hipócrita do Japão (e o mundo) em relação ao sexo e o papel da mulher na sociedade machista.

A trama começa mostrando a artista Kyôko (Ami Tomite) em seu apartamento de cores básicas e quase sem mobiliário, como uma casa de bonecas, recebendo a sua secretária Noriko (Mariko Tsutsui) e preparando-se para conceder uma entrevista para uma revista famosa. A relação entre as duas é um jogo de dominação e submissão mas logo tudo muda e até as naturezas do apartamento e das duas mulheres são colocadas em dúvida.

Não revelarei mais sobre a trama para não estragar a

experiência de quem ainda não viu o filme, mas posso dizer que a crítica a sociedade japonesa é crua e chocante, tocando em temas como a binaridade imposta às mulheres - ou se é uma santa virgem ou se é uma puta, não havendo meio termo - e a relação beirando o doentio dos japoneses com o sexo, em um país que proíbe por meio de lei a exibição da genitália masculina ou feminina mas vê como normal alguns fetiches envolvendo animais e até crianças.

A indústria pornô japonesa é mostrada como violenta e obscura e um caminho sem volta para as mulheres que se envolvem com ela, como demonstra a metáfora visual do lagarto dentro de uma garrafa que pode ser visto no apartamento de Kyôko - o lagarto cresceu dentro de garrafa e por conta do seu tamanho não consegue mais sair.

Antiporno têm planos belíssimos mas não é um filme fácil por conta da sua estética única e cenas que podem incomodar, mas é recompensador para os que se aventurarem a assisti-lo. Como uma verdadeira obra de arte desafia o público e ousa, literalmente, não entregar o que a plateia esperava.

Nota: 5/5

13/12/2017

Star Wars: Os Últimos Jedi (2017)

Star Wars: The Last Jedi

No mundo dos jogos eletrônicos há vários títulos com lançamentos anuais ou bianuais, como Call of Duty ou FIFA. Esses games costumam utilizar o mesmo programa base durante muito tempo e são frequentemente acusados de repetir ano após ano as mesmas situações e acontecimentos, apenas mudando a sua ordem e aparência ou skin (pele em tradução literal). Star Wars: Os Últimos Jedi passa essa sensação: mesmo divertido e com algumas boas ideias, repete situações e até planos dos outros filmes da franquia, apenas alterando o skin.

Enquanto os rebeldes liderados pela General Leia (Carrie Fisher) estão fugindo (como sempre) dos vilões - não mais o Império, nos novos filmes ele foi substituído pela Primeira Ordem mas isso não faz muita diferença - Rey (Daisy Ridley) foi até o mundo Jedi para tentar trazer Luke Skywalker (Mark Hamill), o último ou penúltimo jedi, de volta à batalha. O lado bom da obra são os personagens, todos carismáticos e apresentando alguma profundidade, além de algumas bem vindas surpresas. O lado ruim é a repetição em níveis nauseantes de situações e até diálogos já vistos nos outros filmes da franquia - a mesma ladainha "venha para o meu lado" e robôs que revelam poderes e habilidades que ninguém conhecia, nem os seus mestres. Há também situações inverossímeis mesmo levando-se em conta que tudo se passa em uma galáxia muito, muito distante com pelo menos dois ou três deus ex machina - personagens sobrevivendo em condições impossíveis e coincidências incríveis.

Na verdade o roteiro é ruim como um todo - todo o arco da fuga da frota rebelde não faz sentido algum e parece ter sido feito apenas para que o filme ganhasse em duração - com alguns lampejos inteligentes espalhados aqui e ali, como a crítica social certeira feita quando alguns personagens em um planeta cassino percebem que por detrás da beleza e da riqueza há um número enorme de trabalhadores atuando em condições degradantes, animais explorados e muito sofrimento, nada muito diferente dos bem terráqueos shows de animais ou dos cruzeiros de luxo.

Star Wars: Os Últimos Jedi funciona bem como cinema pipoca e até empolga em alguns momentos, mas não resiste a reflexões críticas sobre a estrutura da sua trama. Com seus desdobramentos até certo ponto inesperados e a eliminação de alguns personagens, Os Últimos Jedi parece estar sedimentando o caminho para que os próximos filmes da franquia distanciem-se cada vez mais das obras seminais. Isso se o diretor do próximo filme, o responsável pelos novos Star Wars J.J. Abrams, que adora fazer filmes que se apoiam majoritariamente na nostalgia, permitir.

Nota: 3/5

14/12/2017

As Mulheres (1939)

The Women

As Mulheres pode parecer machista e desatualizado ao mostrar a dependência feminina em relação aos homens e por isentar os maridos da culpa pelas traições e consequente fracasso nos casamentos - a visão é que a sedutora que "roubou o homem" da outra é a verdadeira responsável. Mas ao olharmos com mais cuidado à sociedade contemporânea, percebemos que as coisas não mudaram muito nesses quase 80 anos.

A obra retrata as desilusões amorosas, as fofocas, as traições entre casais e entre amigas, tudo do ponto de vista feminino - não há sequer um homem no elenco, todo formado por mulheres. O grupo de mulheres é retratado como se fossem animais tentando sobreviver na selva já nos créditos, que mostra cada personagem associada a um animal, por exemplo Mary (Norma Shearer) que foi traída pelo marido é um cervo, uma presa, enquanto a sedutora Crystal (Joan Crawford) é um felino predador. Há muitos diálogos, sempre rápidos e afiados, tudo tão bem dirigido por George Cukor que mesmo sendo um filme sem ação e longo (133 minutos) não há trechos monótonos ou desnecessários, todas as cenas levando a trama para a frente sem truques para aumentar artificialmente a duração.

Há coisas curiosas, como o já citado elenco exclusivamente feminino e um desfile de moda colorido frente ao resto do filme todo em preto e branco, o que provavelmente foi feito por conta do custo (em 1939 o colorido não era tão difundido e portanto muito caro), mas que funcionou como linguagem cinematográfica ao demonstrar o mundo mágico e destacado do real representado pela moda para aquelas mulheres.

George Cukor era conhecido pela sua sensibilidade para tratar de temas do universo feminino, os chamados woman's film (filme focados nas mulheres e direcionado para elas) - ele e Douglas Sirk são os mais prolíficos diretores desse subgênero do melodrama, porém As Mulheres se destaca por não conter apenas drama, mas também frases inteligentes que rapidamente definem um personagem (uma delas diz "não tenho tempo para ser feliz, tenho 3 filhos"), elementos de screwball comedy (comédia maluca) como os diálogos extremamente rápidos e personagens amalucados além de um grande elenco muito bem dirigido. A forma como os seus temas são tratados pode causar estranheza hoje, nem tanto por corresponderem ou não à verdade mas pela hipocrisia que cresceu de forma exponencial desde 1939.

Nota: 5/5

15/12/2017

Vinhas da Ira (1940)

The Grapes of Wrath

> A pé e com o coração leve, eu tomo a estrada aberta/sadio, livre, o mundo diante de mim/a longa vereda diante de mim, levando-me para onde quer que eu escolha".
> (Walt Whitman, poeta americano)

O filme Vinhas da Ira foi baseado no romance de John Steinbeck que teve enorme repercussão e valeu ao autor o prêmio Pulitzer, em 1940. O filme narra a história da família Joad, que foi expulsa de sua própria terra depois de morar lá por mais de 50 anos. O terreno foi vendido para uma empresa que eles desconheciam e sem a autorização da família, em plena crise causada pela grande depressão norte-americana, que ocorreu após a quebra da bolsa de Nova Iorque, em 1929. Como consequência muitas pessoas perderam o emprego, suas terras e o crédito no banco.

O filme mostra como milhares de cidadãos dos Estados Unidos fizeram viagens para vários lugares, saindo de suas propriedades em busca de colheitas, de frutas ou de algodão, para trabalhar em troca de um salário e de um teto para dormir. O protagonista do filme de John Ford é Tommy Joad (Henry Fonda) que retorna à sua família depois de ser condenado por homicídio e sai em liberdade condicional, depois de cumprir pena de quatro anos. No início da viagem os personagens percebem que nada será como antes, porque sofrerão uma transformação profunda e negam a si mesmos qualquer possibilidade de mudança. O pessimismo dos personagens pode ser representado pela fotografia cinzenta, com paisagens extremamente sombrias como as almas daqueles sitiantes, que perderam tudo por causa da ganância das indústrias nos Estados Unidos.

A obra de Ford não tenta enfraquecer a mensagem do livro ou representá-lo dentro de uma forma hollywoodiana. Tommy ainda é o mesmo herói com defeitos, culpado de assassinato e longe da perfeição.

O diretor, também creditado como Jack Ford, nascido com o nome de Sean Ford dirigiu os seguintes filmes: No Tempo das Diligências, A Mocidade de Lincoln, Rastros de Ódio (com John Wayne) entre outros, que são sempre citados ou evocados em outros filmes. O ator mais importante na filmografia de John Ford é John Wayne, que foi transformado em estrela de Hollywood. O cineasta ganhou o Oscar de melhor direção com o filme Vinhas da Ira e também o Globo de Ouro especial em 1955, em reconhecimento ao seu pioneirismo na indústria do cinema americano. O produtor de Vinhas da Ira é Darryl F. Zanuck que exigiu um final positivo, diferente do romance, onde a incansável matriarca Ma Joad, vivida com perfeição por Jane Darwell, reafirma a força e a dignidade do espírito individual. (Bergan, 2007, p. 417)

No cinema da Universal alguns cineastas foram caracterizados por representar preferencialmente o que poderia se chamar "o lado sombrio" do ser humano e da vida. Já Ford ressaltava a capacidade de amar e de ajudar outras pessoas através de personagens fortes, saudáveis e heroicos ou que, pelo menos, observam as fraquezas do ser humano com poesia, tolerância e um pouco de piedade.

A maior parte da história de Vinhas da Ira se desenrola na estrada, que é um elemento importante no filme, porque promove a possibilidade da família encontrar um lugar onde possa viver e dar continuidade ao trabalho na agricultura. O título do filme Vinhas da Ira é uma metáfora do verde vale da Califórnia, onde há produção de uva e que representa o alimento, o trabalho e a esperança, numa época tão difícil naquele país.

Arthur Schopenhauer (1788-1860) escreveu que a

vontade humana se caracteriza pela contínua luta entre suas diversas formas. E a ideia do filósofo alemão em relação à vontade do homem é bastante pessimista, porque ele considera que só a vontade não basta, o homem quer viver, mas não tem saída já que é butim de outro homem e explica:

> (...) vemos em toda a natureza a luta, a guerra e alternativas na vitória, no qual temos que reconhecer o desdobramento essencial operado no seio da vontade.(...). Pela natureza inteira podemos seguir esta luta, porque, no fundo, o mundo consiste nela (...). Esta luta cósmica alcança seu máximo de visibilidade no mundo animal, cuja nutrição é constituída pelo reino vegetal, no qual cada animal é butim e alimento de outro, isto é, a matéria em que sua ideia se reflete deve servir para a manifestação da ideia de outro enquanto cada animal só pode conservar a sua existência pelo constante sacrifício de outra existência, de modo que a vontade de viver se devora constantemente e em diferentes formas é seu próprio alimento, até que, por fim, a espécie humana, como superior às demais, considera o mundo uma imensa fábrica para seu uso, e (...) o

> gênero humano encarna aquela luta, aquele auto-desdobramento da vontade, com a mais terrível violência, em que o homem chega a ser o inimigo do homem: homo homini lúpus. (Cabrera, 2007, p. 258-259)

O homem é o lobo do homem e a vontade de viver é cega, sem finalidade última. E tudo que possui vontade, o homem se dá sob uma forma particularmente dolorosa, já que suas intenções e ações oscilam da dor da ansiedade ao fastio da satisfação e vice-versa. Neste vaivém irrefreável, se baseia o famoso pessimismo estrutural e não meramente empírico, como às vezes interpreta o filósofo Cabrera (2007, p. 236)

O filósofo encontra nas vicissitudes algo positivo, sendo que o homem pode se conhecer por meio da dor e da riqueza da negação: "(...) Os lugares que os personagens atravessam e o tempo que se "gasta" viajando são constitutivos, transformadores. A vida é uma viagem enriquecedora e auto-conscientizadora". (Cabrera, 2006, p. 217-222)

Segundo o autor, a viagem dentro de um filme pode ter a conotação de experiência e como consequência, uma transformação interior dentro do personagem. Além do deslocamento físico ele parte também para uma viagem interna, para conhecer a si mesmo, numa jornada interior. Em Vinhas da Ira, a jornada pelas estradas nos revela que isso é possível se esta for a direção escolhida, pela mudança.

Rosângela D. Canassa

Nota: 5/5

16/12/2017

Satânico (2016)

Satanic

Quatro jovens fúteis e sem muito o que fazer vão até Los Angeles para fazer turismo sombrio - hospedam-se em um quarto de hotel onde ocorreu um suicídio, visitam a casa onde aconteceu o assassinato de Sharon Tate pelos seguidores de Charles Manson e fazem compras em lojas satânicas. Obviamente os nossos heróis encontram mais do que procuram e acabam envolvendo-se em uma estória sobrenatural com adoradores do demônio.

Há apenas uma coisa boa em Satânico, o seu ritmo; mas se por um lado a obra não é entediante, por outro tudo acontece rapidamente para que a audiência não tenha tempo de perceber o quanto a trama é mal desenvolvida e as interpretações são rasas - nada como uma montagem dinâmica para esconder defeitos.

As atitudes das garotas e rapazes, típicos jovens norte-americanos ilustrados frequentemente pelo cinema como imbecilizados e ignorantes, são inexplicáveis e incoerentes não permitindo a imersão do público já que as suas atitudes são estritamente cinematográficas. Temos ainda na conclusão da obra um loop temporal sem sentido e sem consequências - imagino a reunião dos realizadores desenhando o filme e tomando a decisão: vamos colocar algo relacionado ao tempo no nosso filme, vai ser legal e parecer inteligente!

Em um aspecto Satânico torna a vida da plateia fácil: escolher quem merece o nosso apoio na jornada sobrenatural, já que com personagens tão desprezíveis é muito fácil desejarmos que o diabo rapidamente conclua a sua missão de levar todos eles para o inferno.

Nota: 2/5

17/12/2017

Apocalypse Now (1979)

Apocalypse Now

Megalomaníaco e genial, Apocalypse Now é tão exagerado e superlativo como o seu objeto de escrutínio, a Guerra do Vietnã.

Apocalypse Now não se contenta em mostrar os horrores da guerra, mas também demonstrar como o Vietnã foi transformado em um parque de diversões onde os jovens soldados norte-americanos pudessem extravasar todo o seu sadismo sem consequências. Foi o primeiro filme que mostrou a guerra como se fosse um videogame, com os soldados matando sem remorso seres objetificados, os vietcongues e civis, todos misturados já que para os soldados americanos todos os amarelos tinham a mesma face.

A trama desenvolve-se em torno da missão do Capitão Willard (Martin Sheen), designado para encontrar e eliminar o Coronel Kurtz (Marlon Brando), oficial que abandonou o exército e passou a liderar um grupo de rebeldes na mata, sem apoiar nenhum dos dois lados da guerra.

Kurtz, sempre mostrado com a face iluminada de forma a ficar entre a sombra e a luz, é perseguido por considerarem que ele enlouqueceu, mas na verdade ele foi o único a ter a coragem e o discernimento de assumir que só se combateria a loucura representada pelo circo montado no Vietnã com mais loucura e isso pode ser constatado pelos antecessores de Willard, que não apenas deixaram de cumprir a missão como foram seduzidos pela verdade de Kurtz e passaram a segui-lo. E a palavra circo é para ser entendida quase literalmente, já que para manter funcionando a feira de atrações no Vietnã vários shows e eventos eram patrocinados pelos oficiais, como a visita de playmates, festas e até o surfe em uma praia sendo atacada, esse último mostrado em uma cena antológica.

Já que citei cenas antológicas, não posso deixar de lembrar dos helicópteros atacando ao som de Cavalgada das Valquírias, sequência que pode ser interpretado de várias formas como a guerra transformada em espetáculo, o já citado sadismo com os soldados divertindo-se com a morte e a destruição e até uma alusão ao nazismo - Wagner, compositor da Cavalgada, era o compositor favorito de Hitler.

A conclusão de Apocalypse Now aparentemente não deixa espaço para dúvidas ou interpretações (ATENÇÃO SPOILER) com Willard matando Kurtz mas na verdade tudo pode ser visto como um plano de Kurtz para eleger um sucessor. Willard pintou o rosto com o mesmo padrão usado por Kurtz e após ter matado o Coronel os nativos o saudaram como novo líder; há também o paralelismo feito através da montagem entre a morte da vaca e a de Kurtz, como se os dois tivessem sido sacrificados de forma ritualística por um objetivo maior: a vaca para tornar-se alimento e Kurtz para tornar-se lenda e inspiração. Willard então parte para avisar os seus superiores do sucesso da sua missão ou para difundir e expandir os ideais de Kurtz? Qualquer que seja o destino de Willard, as últimas palavras de Kurtz traduzem o sentimento que as escolhas da humanidade invariavelmente provocam: o horror, o horror.

Nota: 5/5

18/12/2017

O Poço e o Pêndulo (1961)

Pit and the Pendulum

Adaptação simples porém honesta da obra de Edgar Allan Poe, O Poço e o Pêndulo de Roger Corman é umas das várias traduções para cinema que o diretor, conhecido como o mestre do filme B, fez das obras do escritor norte-americano.

A produção é mais sofisticada do que a maioria dos filmes de Corman, com cenários bem construídos e um castelo convincente tanto por dentro, com a sua detalhada câmara de torturas, quanto por fora, quando pode ser visto por inteiro da estrada. Todo esse aparato é necessário para fazer jus à trama criada por Poe, macabra e muito mais focada na psicologia dos personagens do que no sobrenatural.

A estória nos convida a descobrir as circunstâncias que levaram à morte de Elizabeth Barnard (Barbara Steele), esposa de Nicholas Medina (Vincent Price). Nicholas, filho de um cruel e já falecido inquisidor espanhol, é frágil psicologicamente por conta da sangrenta história da sua família.

A atmosfera do filme consegue reproduzir o desconforto causado pelo texto de Poe, transmitindo o peso de se viver em um castelo assombrado não por fantasmas mas pelos ecos do sofrimento e da dor daqueles que lá pereceram. O astro Vincent Price tem uma performance ambígua, monstruoso de forma positiva em alguns momentos e caricato em outros, principalmente ao tentar demonstrar a vulnerabilidade de Nicholas.

As fragilidade de O Poço e o Pêndulo - a simplificação do texto original e a mise-en-scène um pouco caricatural - não comprometem a diversão proporcionada nem impedem que seja uma adaptação que respeita a sua fonte.

Nota: 3/5

19/12/2017

Planeta dos Macacos: A Guerra (2017)

War for the Planet of the Apes

Brilhante tecnicamente, Planeta dos Macacos: A Guerra é eficiente ao entregar o tipo de filme de aventura a que se propõe, mesmo com um roteiro sem grandes surpresas.

O chimpanzé Caesar (Andy Serkis) continua a luta pela sobrevivência liderando o seu grupo de símios inteligentes, enquanto os poucos humanos que sobreviveram a gripe símia tentam se impor fazendo o que o homem faz melhor: matar e destruir o que estiver em seu caminho.

Enquanto a trama se desenrola de maneira esquemática, o grande destaque é a técnica do filme que transformou os atores em macacos convincentes, não permitindo que em nenhum momento nos lembremos que eles são gerados digitalmente - na verdade o melhor efeito especial é aquele que passa despercebido. Há cenas que são quase que na sua totalidade produzidas com animação digital fotorrealista sem que nos demos conta disso. Outra boa surpresa é o vilão chamado simplesmente de O Coronel (Woody Harrelson), inicialmente parecendo ser unidimensional mas mostrando-se complexo e com motivações plausíveis para os seus métodos cruéis.

Mesmo com O Coronel parecendo até uma pessoa razoável em alguns momentos a obra não poupa os militares e seus métodos, sempre objetificando e demonizando o inimigo. O discurso antimilitar fica ainda mais claro com as homenagens ao icônico filme Apocalypse Now: O Coronel é muito semelhante, física e psicologicamente, ao Coronel Kurtz do filme de Coppola e em um túnel é vista a frase pichada Ape-calypse Now (uma brincadeira juntando o nome do filme sobre a Guerra do Vietnã e a palavra inglesa ape - símio).

A mensagem final é até certo ponto batida, já utilizada em diversos outros filmes, mostrando que outras criaturas são mais humanas do que o próprio homem. Caesar errou ao acreditar que conseguiria compartilhar a vida no planeta de forma igualitária com o que restou da humanidade. Ele esqueceu que o único convívio possível com os seres humanos é entre dominador e dominados.

Nota: 3/5

20/12/2017

O Filme da Minha Vida (2017)

O Filme da Minha Vida

Delicado e com uma fotografia deslumbrante O Filme da Minha Vida, baseado no livro Um pai de filme do escritor chileno Antonio Skármeta, encanta pelos sentimentos de empatia, familiaridade e nostalgia que sua estória e personagens evocam.

Tony (Johnny Massaro) deixa a sua pequena cidade natal para estudar e ao retornar descobre que seu pai, o francês Nicolas Terranova (Vincent Cassel), havia abandonado a família e agora morava na Europa. Não há grandes conflitos ou obstáculos a serem ultrapassados pelo protagonista Tony, mas as interpretações doces e precisas do elenco (o olhar terno dos Terranova - pai e filho - torna impossível que lhes seja negado perdão por qualquer erro cometido), a já citada fotografia, o texto (a busca de Tony pelo pai refletida no fascínio do jovem pelo filme Rio Vermelho de 1948, que trata do conflito entre pai e filho) e direção inteligentes (reparem que sem alarde e muito discretamente Tony parece flutuar ao sair do cinema, mostrando uma direção que não subestima o público), tornam tudo tão harmonioso que a obra é irresistível. Há surpresas na trama, porém realistas e nada mirabolantes, mas que funcionam ao surpreender a audiência e amarrar a estória de forma coesa.

Como Cinema Paradiso de 1988, O Filme da Minha Vida funciona também como uma grande homenagem ao cinema - além de Rio Vermelho, intrinsicamente integrado à estória, diversos cartazes de outros filmes são exibidos - mostrando a sétima arte como instrumento de consolo, inspiração e redenção. O final da obra pode até parecer açucarado demais, mas combina perfeitamente com o conjunto, doce como uma matinê ao lado da pessoa amada.

Nota: 5/5

21/12/2017

Bright (2017)

Bright

Mesmo tendo como premissa um universo que possibilitaria infinitas abordagens e soluções criativas, Bright é burocrático, não envolve ou emociona e conta uma estória que não faz sentido.

Em Bright acompanhamos dois policiais, o humano Daryl Ward (Will Smith) e o orc Nick Jakoby (Joel Edgerton) envolvidos em um misterioso caso envolvendo uma varinha mágica, repetindo a dinâmica dos policiais diferentes sendo obrigados a trabalhar juntos - aqui são humanos e orcs mas já foram utilizados brancos e negros ou caucasianos e latinos. No filme o mundo não é dominado apenas pelos humanos e diversas raças mitológicas convivem no mesmo espaço, como elfos, orcs e magos, entre outros que são só citados ou mostrados rapidamente na tela, como centauros e anões (não me refiro a pessoas com nanismo mas aos chamados dwarves como em O Senhor dos Anéis). Essa ideia não é nova e recentemente foi desenvolvida de forma mais satisfatória em outras obras, como a animação feita para televisão Ugly Americans (2010) e a estória em quadrinhos Fables (2002). Esses dois exemplos mostram duas abordagens diferentes: na primeira utilizando o humor ácido e na segunda o mistério e aventura.

Já Bright não acerta no tom, falhando nas suas (poucas) tentativas de humor e da mesma forma fracassando como filme de fantasia com atmosfera policial. Além do péssimo roteiro, a direção falha nas cenas de ação - é difícil entender o que está acontecendo tanto espacial quanto temporalmente - e no desenvolvimento dos personagens, alguns deles parecendo desperdiçados como os magos atuando como investigadores do FBI.

A diegese adotada por Bright pode não ser exatamente original mas é rica o suficiente para que uma trama mais inteligente fosse criada e um filme melhor produzido. Talvez o maior responsável seja o seu diretor, David Ayer, culpado por colocar no mundo a abominação em forma de filme chamada Esquadrão Suicida de 2016. Se tivermos sorte, com mais esse desastre no currículo nunca mais ouviremos falar do seu nome.

Nota: 2/5

22/12/2017

Totó e as Mulheres (1952)

Totò e le donne

Totó e as Mulheres consegue manter a graça do começo ao fim e só isso já seria motivo para destacá-lo dentro do gênero comédia. Mas não e só isso: bem feito, com ótimas interpretações e com uma linguagem moderna até para os dias atuais, a obra não é só uma comédia engraçada mas um grande filme.

Na trama episódica, Antonio Scaparro (Totó) conta pequenas estórias de sua vida e critica as mulheres e o comportamento feminino, tudo amarrado pela sua atual vida de casado e o noivado da filha. Há grandes ideias de composição fílmica, como o inicio mostrado como um filme mudo, com letreiros explicativos e sem falas, já que nesse momento Antonio está com sua esposa que supostamente o reprime - o nosso herói só ganha voz quando isola-se no sótão e começa a contar suas estórias, derrubando frequentemente a quarta parede e falando diretamente com o público. Ou a divisão do filme em dois tempos, o primeiro e o segundo tempo como em uma partida de futebol, o que faz sentido em um filme machista (falarei sobre isso adiante) como Totó e as Mulheres.

As estorietas contadas por Scaparro são hilárias e carregadas de humor nonsense e sombrio, com diálogos rapidíssimos e brincando com o drama de doenças e até da morte, em uma mistura de comédia e tragédia tipicamente italiana. Há em Totó e as Mulheres uma mistura genial de screwball comedy (comédia maluca), comédia de costumes e do já comentado nonsense, com discussões e diálogos que lembram (ou por que não inspiraram já que é mais antigo) o grupo de humor inglês Monty Python.

O machismo de Totó reflete o modelo mental do homem italiano médio da década de 50 (e provavelmente vigente ainda hoje em dia), mas ele não se traduz em superioridade masculina, pelo contrário, a obra ilustra os homens como indivíduos mimados que reclamam das mulheres mas dependem delas, como a relação de crianças com suas mães. Na sua conclusão, ao desvendar o outro lado da história, a visão feminina da vida, mostra que os defeitos e idiossincrasias não são exclusivas de um sexo ou de outro. Para Totó (e para os italianos aos quais me incluo) as pessoas, independente da sua orientação sexual, são todas insuportáveis; só julgamos suportáveis aquelas que ainda não conhecemos suficientemente bem.

Nota: 4/5

23/12/2017

Alma Perdida (2009)

The Unborn

O que diferencia Alma Perdida de tantos outros filmes que tratam de espíritos possessores é o folclore por detrás da trama, aqui não o católico-cristão mas o hebraico. Mas essa "inovação" não salva a obra da mediocridade.

Casey (Odette Annable) está sendo perseguida por um dybbuk (espírito possessor do folclore judeu) e busca descobrir os motivos pelos quais foi escolhida e como escapar da entidade. Nada na trama faz muito sentido, começando pela motivação do espírito, envolvendo a ligação existente entre irmãos gêmeos e o passado da família de Casey no Campo de

Concentração de Auschwitz (até o nazista Josef Mengele é citado), até chegar aos métodos da entidade, que utiliza caminhos tortuosos para concretizar a possessão - a revelação final fragiliza ainda mais a estória.

Como todo filme de horror ordinário, Alma Perdida preenche o tempo de exibição com sustos sem importância para a trama, utilizando sonhos e alucinações, tudo para convencer o espectador que algo está acontecendo quando na verdade nada está de fato levando a estória para frente.

Há um signo escondido em Alma Perdida relacionado ao terrorismo, transmitindo a mensagem de que os atos de terror (os reais, não os dos espíritos) não estão associados a uma religião específica; isso pode ser observado por frases como "não estamos seguros em nenhum lugar", "pode ser qualquer um de nós" e pelo ritual de exorcismo com caráter ecumênico, juntando judeus e cristãos. Se metaforicamente a mensagem da obra fosse um presente, podemos dizer que ele é tão ínfimo e está tão mal embalado que não vale a pena o esforço de desembrulhá-lo.

Nota: 2/5

24/12/2017

O Estranho Mundo de Jack (1993)

The Nightmare Before Christmas

Jack Skellington (voz de Chris Sarandon quando falando, voz de Danny Elfman quando cantando) é uma caveira e o rei de Halloween Town (Cidade do Halloween), responsável por liderar os monstros e organizar o Halloween e está cansado de fazer a mesma coisa, embora brilhantemente, ano após ano, apresentando os típicos sintomas da crise da meia-idade. Ele então descobre Christmas Town (Cidade do Natal), em meio a diversas portas levando a diferentes cidades representando os feriados norte-americanos (entre eles Dia dos Namorados ou São Valentim, Páscoa, Dia de São Patrício) e resolve comandar, além do Halloween, também o Natal. Esse argumento que parece ser o resultado de um delírio febril transformou-se em uma animação stop motion cujo grande destaque é seu visual fantástico e seus personagens originais.

As imagens geradas por O Estranho Mundo de Jack são inesquecíveis e já tornaram-se antológicas no cinema. A sua estória é simples, mas graças a sua duração relativamente curta (apenas 76 minutos) e a montagem ágil o ritmo mantém-se constante, sempre com coisas interessantes e que levam a trama para a frente acontecendo na tela. As canções compostas por Danny Elfman, parceiro tradicional de Tim Burton (ao contrário do que a maioria pensa ele não é o diretor desse filme mas o escritor e criador dos personagens - o diretor é Henry Selick), não são geniais mas são competentes o suficiente para que fiquemos cantarolando os temas musicais ao sairmos do cinema.

A força de O Estranho Mundo de Jack é principalmente a sua arte, mas não podemos esquecer da sua animação bonita e fluida e que deve ser ainda mais valorizada ao lembrarmos do esforço imenso de se produzir animação quadro a quadro. Independente de sua estória, que pode ser considerada tola ou americanizada demais, é uma obra para ser admirada pela sua beleza artística, que compensa com folga qualquer deficiência que possa ser observada.

Nota: 4/5

25/12/2017

Um Conto de Natal (1984)

A Christmas Carol

O livro de Charles Dickens Um Conto de Natal (A Christmas Carol no original em inglês) influenciou a forma como o ocidente sente e comemora o Natal, cristalizando tradições e ressaltando a importância da compaixão e caridade, além de introduzir novas expressões na língua inglesa como Scrooge - alguém que não quer envolver-se com o espírito natalino - e Tiny Tim (Pequeno Tim) - pessoa inocente em uma situação de vulnerabilidade. Claro que não podemos esquecer do Tio Patinhas (no original Scrooge McDuck), criado tendo como base o protagonista do livro de Dickens, Ebenezer Scrooge.

Dito tudo isso, o filme Um Conto de Natal é competente ao adaptar fielmente e principalmente manter o espírito da estória de Charles Dickens. Para os poucos que não conhecem, a trama conta a jornada de redenção de Ebenezer Scrooge (George C. Scott), homem de negócios impiedosos e insensível que é visitado na noite de Natal por espíritos que mostrarão a ele o quanto a sua vida está sendo desperdiçada pelo seu isolamento e mesquinhez.

O filme foi feito originalmente para a televisão em uma época na qual isso fazia diferença - atualmente produções feitas para se assistir em casa via streaming (por exemplo o Netflix) tem a mesma qualidade técnica e artística de filmes lançados inicialmente nos cinemas - e isso é notado pela simplicidade da produção e dos recursos técnicos. Essas limitações não comprometem mas também não permitem que o filme destaque-se por sua arte ou por sua fotografia, fazendo com que toda a sua força dependa da estória - para não ser injusto, George C. Scott está ótimo como Scrooge.

Mesmo sem brilhar por seus dotes artísticos, Um Conto de Natal emociona e cumpre o seu papel graças ao poder e atualidade da obra de Dickens. O otimismo da sua conclusão é necessário para a mensagem que a obra se propõe a transmitir, embora seja bastante inocente: qualquer empresário moderno, ao ser visitado por entidades, chamaria a polícia que não hesitaria em agredir e prender esses espíritos comunistas.

Nota: 3/5

FABIO CONSIGLIO

26/12/2017

As Pequenas Margaridas (1966)

Sedmikrásky

O filme tcheco As Pequenas Margaridas lembra uma instalação de arte audiovisual, colocando na tela imagens que evocam o surrealismo e a pop art com seus recortes e cores básicas, estética que remete ao cinema mudo e protagonistas que se protegem do mundo através de sua ingenuidade.

Duas jovens irmãs com o mesmo nome, Marie (Jitka Cerhová e Ivana Karbanová) encaram o mundo de forma ingênua e hedonista, desfrutando de bons restaurantes pagos pelos homens velhos que desejam seduzi-las sem nunca conseguirem, frequentando bares e boates e sempre comportando-se de maneira infantil, como se fossem crianças com corpos de mulheres. Cada novo plano que surge na tela apresenta alguma novidade: fotografia em preto-e-branco ou alguma cor básica, colagens em sequência enriquecendo a cena com novos significados, efeitos sonoros pontuando a ação de forma intensiva (o chamado Mickey Mousing). Não há um só momento de monotonia ao assistirmos As Pequenas Margaridas, mesmo se ignorarmos os seus signos.

Podemos interpretar As Pequenas Margaridas de forma localizada ou de forma mais universal. Na época da produção do filme a Tchecoslováquia (hoje República Checa) vivia sob domínio soviético e a obra pode ser vista como um reflexo do ambiente político que se preparava para a Primavera de Praga, quando liberais reformistas chegaram ao poder - logo seriam destituídos pelo Pacto de Varsóvia que invadiu o país. Sob um ponto de vista universal, qual seria o motivo de se levar a vida a sério frente a destruição, sofrimento e ignorância humana? Alguns podem irritar-se com a displicência no modo de viver das Maries, mas elas estão erradas ou estão errados todos os outros, com seus formalismos e condutas disciplinadas?

A vida humana é um breve lampejo que individualmente significa nada em termos planetários e coletivamente significa nada em termos cósmicos. Tendo isso em mente, não há motivos para acreditarmos que a vida tenha propósitos místicos ou motivações metafísicas. Como disseram as Maries: -Consegue sentir o cheiro? perguntou Marie II; -Do quê? respondeu Marie I; -De quão volátil é a vida!

Nota: 5/5

27/12/2017

Tropas Estelares (1997)
Starship Troopers

Tropas Estelares, de Paul Verhoeven, se passa em um futuro distópico onde o militarismo prevalece - como em Esparta, apenas os que se alistam para o serviço militar são considerados cidadãos - e a humanidade conquistou a galáxia, mas está travando uma guerra contra uma raça alienígena de insetos gigantes. A obra, que necessita de muitos efeitos visuais para contar a sua estória, envelheceu muito bem em termos técnicos e continua atual com a sua visão cínica sobre a cultura bélica.

O filme já inicia mostrando a televisão recrutando a população para a batalha e enaltecendo as virtudes da máquina de guerra da humanidade - qualquer coincidência com os programas de televisão reais que destacam a violência de bravos soldados ou policiais não é mera coincidência. Os homens lutam contra insetos que estão atacando o planeta, mas na verdade os humanos é que invadiram inicialmente o sistema planetário dos alienígenas, que estão apenas reagindo a uma agressão - o paralelo com a relação entre os Estados Unidos e diversos países sob domínio é clara.

A metáfora dos insetos representa a objetificação máxima que podemos dar a um inimigo, afinal eles não têm alma, não têm inteligência e rastejam. Tornar o objeto de exploração e abuso menos nobre do que o homem dominador sempre foi uma técnica utilizada na história, seja com os judeus na Segunda Guerra Mundial ou os negros sendo escravizados, e Tropas Estelares faz isso de forma subliminar, disfarçada de filme de ação.

O filme de Verhoeven é pouco compreendido e muitos não enxergam a sua fina ironia, seja nos clichês que ele subverte - um homem negro é o último soldado a morrer no filme, ao contrário dos filmes tradicionais onde o negro é sempre o primeiro a sucumbir - seja nas frases ufanistas que aparentam enaltecer os heróis mas na verdade fazem justamente o contrário. Tropas Estelares está fazendo 20 anos e merece uma revisita, principalmente daqueles que enxergam nele apenas um video game filmado.

Nota: 4/5

28/12/2017

Meu Nome é Ray (2015)

3 Generations

A principal bandeira levantada por Meu Nome é Ray é importante e atual, a identidade de gênero. Diferente do seu tema, a forma como a estória é desenvolvida não é tão notável, empalidecendo a força do seu mote e a boa interpretação de Elle Fanning como Ray.

Ramona desde criança sabia que era um menino em corpo de menina e decide tornar-se Ray iniciando um tratamento hormonal. Como ele tem apenas 16 anos precisa da assinatura dos pais, separados, para autorizar a terapia e a busca das assinaturas é o que move a trama. Há muitos truques de novela em Meu Nome é Ray, com drama familiar em excesso - como se a situação do garoto já não fosse dramática o suficiente - e até um chamado núcleo cômico, que falha em fazer graça por sua total falta de timing humorístico.

A obra no seu início dá sinais de que além da questão do gênero levantaria também a discussão do choque de gerações - o título original leva a crer essa ideia. Mas a geração mais velha, representada pela avó de Ray, Dolly (Susan Sarandon), e sua namorada Frances (Linda Emond) foi relegada a ser o alívio cômico do dramalhão, não explorando a percepção de que a geração da mãe de Ray, Maggie (Naomi Watts), seria mais conservadora do que a anterior.

Um tema atual como a identidade de gênero merecia um filme mais sensível e profundo do que Meu Nome é Ray. Principalmente pela sua conclusão, com toda a família não "tradicional" reunida, a obra deixa na boca um gosto de um seriado de televisão como Modern Family, mais preocupada em provocar um sorriso doce porém fácil do que fazer pensar.

Nota: 2/5

29/12/2017

Roda Gigante (2017)

Wonder Wheel

Roda Gigante é um dos melhores filmes de Woody Allen dos últimos anos e isso não é pouco considerando que o diretor lança ao menos um filme por ano.

Passado nos anos cinquenta, conta a estória de Ginny (Kate Winslet), garçonete e ex-atriz que se envolve amorosamente com o salva-vidas Mickey (Justin Timberlake). Para complicar, Ginny é casada com Humpty (Jim Belushi), operador de carrossel em Coney Island que acabou de descobrir que sua filha do primeiro casamento, Carolina (Juno Temple), está sendo perseguida pela máfia. Como na maioria dos filmes de Allen, os atores estão ótimos nos seus papéis muito por conta da sua direção segura. A fotografia do filme é outro destaque, com um belíssimo colorido quente que transmite com perfeição a atmosfera de Coney Island durante a década de 50, antes da decadência do local. Além disso, a fotografia ajuda a contar a estória sendo utilizada diversas vezes para explicitar os sentimentos dos personagens - por exemplo cores quentes e douradas enquanto Ginny conta fatos do passado e frias e escuras enquanto fala do presente, ou tons vermelhos durante uma discussão acalorada.

Por trás de um filme belo e agradável encontramos um melodrama que demonstra a forma como Allen enxerga a vida, pessimista para alguns mas que eu considero realista. Para o diretor a sorte tem mais influência sobre as nossas vidas do que gostamos de admitir e ele sempre coloca isso em seus filmes, o determinismo do acaso. E temos a metáfora da roda gigante, cujo giro e altos e baixos podem ser traduzidos de diversas formas: idealização em oposição a realidade, sorte e azar e o óbvio momento da vida de cada um de nós - enquanto uns estão na ascendente outros estão na descendente.

Há soluções em Roda Gigante que poderiam ser melhores, como alguns diálogos muito descritivos ou pouco ágeis. Esses pequenos pontos não comprometem o filme e talvez só tenham sido notados por sempre esperarmos de Woody Allen algo acima da média. Felizmente podemos encontrar em Roda Gigante todos os elementos que fazem do diretor um artista genial e de novo recorro a metáfora da roda girando para o pessimismo consciente de Allen: o pior não são os altos e baixos da roda, mas quando achamos que estamos na parte de baixo quando na verdade estamos na parte de cima.

Nota: 5/5

30/12/2017
O Último Capítulo (2016)
I Am the Pretty Thing That Lives in the House

É difícil ficar acordado assistindo O Último Capítulo, já que além de não assustar poucas coisas acontecem durante os quase 90 minutos de duração da suposta obra de horror.

A cuidadora de idosos Lily (Ruth Wilson) muda-se para uma casa a fim de cuidar da escritora Iris Blum (Paula Prentiss), já em idade avançada, e coisas estranhas começam a acontecer. Na verdade essa sinopse esta sendo generosa com a obra, já que quase nada acontece na primeira hora de exibição. Lily é extremamente medrosa e poderíamos pensar que tudo poderia ser fruto da imaginação da moça, mas é deixado bem claro desde o início que há um fantasma morando ali, então não há espaço para ambiguidade, uma sofisticação impensável para um filme como O Último Capítulo. Quase não vemos Lily cuidando de Iris, sempre a vemos andando pela casa com a mesma cara assustada e tendo medo de coisas banais, como uma caixa, e parecendo estar ainda descobrindo os recantos da residência mesmo que tenha sido informado para nós, espectadores, que ela já está morando ali há quase 1 ano.

Para coroar o desastre, o ritmo modorrento é pontuado por um texto pretencioso declamado com a intensidade de um morto - na verdade está sendo mesmo narrado por um personagem morto. Talvez O Último Capítulo tenha tentado passar à sua audiência a experiência tediosa de estar morto em um lugar onde nada acontece; se esse foi o objetivo, foi alcançado com louvor.

Nota: 1/5

31/12/2017

Noite de Ano Novo (2011)

New Year's Eve

Noite de Ano Novo é uma peça publicitária em forma de filme e nele encontramos propagandas dos mais diversos produtos, desde eletrônicos, passando por filmes (há uma propaganda ostensiva perto do final de Sherlock Holmes: O Jogo de Sombras) até o produto principal, a cidade de Nova Iorque onde se passa a trama.

São oito tramas independentes (alguma delas se cruzam) que acontecem durante o último dia do ano de 2011, abrindo espaço para que sejam utilizados todos os clichês possíveis das comédias românticas e dos chamados filmes edificantes (leia-se mensagens rasas tiradas de livros de autoajuda comprados em bancas de jornais). Com tantas coisas acontecendo ao mesmo tempo o ritmo acaba sendo a única coisa boa do filme, já que até a sua fotografia, mesmo com alguns bons momentos, soa como guia turístico.

Há na obra talentos desperdiçados (como Robert De Niro e Michelle Pfeiffer) e alguns sem talento ocupando espaço (como Lea Michele e Jon Bon Jovi - sim, o líder da banda Bon Jovi é um dos "atores"), com um resultado altamente negativo.

No final, das 8 estórias uma ou duas surpreendem pela sua conclusão, o que não é suficiente para salvar o roteiro infantilizado e os personagens caricatos. Mas há uma boa utilidade para Noite de Ano Novo: podemos obrigar aquele parente que todo ano faz a piada do pavê a assistir ao filme, para que ele perceba o sofrimento que causa repetindo ideias utilizadas à exaustão.

Nota: 2/5

SOBRE O AUTOR

Fabio Consiglio fez cursos de história do cinema e crítica com os professores Inácio Araujo e Sérgio Alpendre, linguagem cinematográfica com Pablo Villaça e música no cinema com Tony Berchmans.
Escreve no site faroartesepsicologia.blogspot.com e é autor do livro Um Filme por Dia 2017 – Volume 1.

www.ingramcontent.com/pod-product-compliance
Lightning Source LLC
Chambersburg PA
CBHW031606210526
45464CB00004B/1444